講談社文庫

民主化する中国

習近平がいま本当に考えていること

丹羽宇一郎

講談社

はじめに

今回2018年発行の『習近平の大問題』を文庫化するに当たり申し上げたいのは、「平和と発展の歴史だった日中国交正常化からの50年を次の50年の鑑《かがみ》としよう」ということです。

日本では新型コロナも、ロシアのウクライナ侵攻も、中国と結び付けて語られることが多くなっています。

いわく中国のゼロコロナ政策の失敗により習近平《シーチンピン》は窮地に陥る、いわくウクライナ侵攻で弱体化したロシアを中国が助ける、と中国の名が出ない日はありません。

しかし中国が、先進国の中でもいち早くコロナ禍から経済を回復し、2021年の日中貿易が、米中貿易と同様に史上最高額となっているようなことは、なぜかあまり報道されることがありません。

この後の本文でも述べているとおり、習近平率いる共産党政権にとって最重要の課題は、言わずと知れた国民を豊かにすること、国民全体の生活レベルを上げることです。

ですから、コロナ対策の失敗で習近平体制が倒れることはありませんが、経済政策で失敗すれば窮地に陥るかもしれません。

しかし、そうなれば日本へも不況の波がやって来ます。最大の貿易相手国である中国が「倒産」しようものなら、日本の「連鎖倒産」も避けられなくなるでしょう。

ロシアのウクライナ侵攻の展開は、現時点ではわからないことが多すぎるので何とも言えませんが、中国とロシアの長い歴史を紐解けば、両国の関係は短い親密期間と長い対立期間であることはすぐ目に付きます。

ですから中国がロシアを支援する局面はあり得ますが、それが長く固定化されると考えるのは、あまりにナイーブではないかと思わざるを得ません。

2022年は日中国交正常化50周年です。

すこし時の流れを振り返ってみたいと思います。10年前の40周年のときには、私は中国大使として北京にいました。

我々在中国日本大使館のメンバーは9月29日の40周年の記念日に向け準備に追われ

ていました。9月10日もそんな慌ただしい一日になるはずだったのですが、別の事情で大使館は大混乱となりました。

10年前では思いもつかぬ200海里海洋法紛争の東シナ海ガス田問題に次ぐ、日中2つ目の紛争が起きてしまうことになりました。

9月10日、日本政府が尖閣《せんかく》諸島（魚釣島《うおつりしま》、北小島《きたこじま》、南小島《みなみこじま》）の国有化を決めたと新聞が報じたからです。

そして今回は、日中3回目の海洋法紛争が突発したことに驚愕です。さて話を元に戻します。

大使館には何の相談も連絡もありませんでした。私の知る限り、在中国大使館のひとりとして、この決定を事前に知らされていた者はいなかったはずです。

本国政府（当時は民主党野田《のだ》佳彦《よしひこ》総理）の独断でした。

もはや40周年のお祝いどころではありません。日本の尖閣諸島国有化に対する反対デモや暴動が、中国のあちこちで起きました。デモは激化し、一部は暴徒化し日本企業や日系の百貨店、飲食店が攻撃されました。この2週間前には日本大使館の公用車が掲げている国旗が、走行中に奪われるという事件も起きていました。

日中国交正常化40周年は、こういう最悪の日中関係の中で迎えたのでした。

私が駐中華人民共和国特命全権大使を務めたのは2010年6月から2012年11月末までですが、着任から1ヵ月ほど経った頃、最初の事件が起きました。中国の漁船と日本の海上保安庁の巡視船が衝突したのです。

まだ胡錦濤《フーチンタオ》主席（当時の中国のトップ）や首脳部へのあいさつも満足に済まないうちから、夜遅くに呼び出されることもたびたびで、大使の仕事には私生活などないのだなと覚悟したほどでした。

尖閣諸島問題は日中間の問題の中でも際立った焦点となり、私は初対面の中国外交部の面々を相手に激しいやり取りを連日のように続けました。事態は膠着《こうちゃく》状態のまま大きな進展は見られませんでしたが、それでも日中関係は少しずつ落ち着きを取り戻しはじめました。

ところが2012年、9月に国交正常化40周年を控えたこの年の4月、再び尖閣問題に火が点きました。今は亡き石原慎太郎《いしはらしんたろう》東京都知事（当時）が日本国内ではなく、なぜかアメリカまで出かけて行って、尖閣諸島の3島を東京都が購入すると発表したのです。

この発言で事態は一気に先鋭化します。

私は日本の大使として「もし（尖閣諸島3島の購入）計画が実行されれば、日中関係にきわめて深刻な危機をもたらす」と英国「フィナンシャル・タイムズ」紙のインタビューで述べました。この発言に対しても、日本国内では非難が巻き起こり大騒ぎとなりました。

果たして事態は私が予告したとおりになってしまいました。

国交正常化以降の日中関係を振り返りますと、大きく見ればその歴史は経済発展の50年だったといえますが、両国がお互いに理解を深め合っていったかといえば、実に心もとないと思います。日本人の中国認識は中国を中共と呼んでいた頃と比べて、何ら変わっていないようにすら見えます。

50年前の9月、田中角栄《たなかかくえい》、毛沢東《マオツオートン》、周恩来《チョウエンライ》の三巨頭の象徴的な握手によって日本と中国の国交が回復しました。回復ということは、過去に断交していたということです。それがいつかといえば日中戦争まで遡《さかのぼ》ることになります。

1972年2月のニクソンアメリカ大統領の中国電撃訪問に象徴される米中接近に、背中を押されるかのようにして実現した日中国交正常化ですが、両国にとって国交回復は戦後の大きな課題のひとつでもあったのです。

かくして私は日中国交正常化の共同声明が、「1931年の満州事変に端を発し、1937年の盧溝橋事件から本格化した日中戦争」という日中の歴史の一ページの幕を閉じたことになると考えています。

つまり共同声明が出された1972年9月29日は、日中のもうひとつの終戦記念日でもあります。

新しい日中の幕が開いて50年が過ぎました。

当時は11億ドルほどであった日中の貿易額は、2021年には3914億ドルと大きく増加し、中国はいまや日本の貿易相手国第1位となりましたし、GDP世界第2位の経済大国となりました。

それが新たな問題を生んでいるのは歴史の常であり、国際関係の複雑さですが、日本と中国がお互いに築いた発展という財産をわざわざ否定する必要もないと思います。日中国交回復後の40年目くらいから米中トップの交代もあり、国際情勢の激動の中で前後左右、数々の影響を受けるようになりました。しかしその前半は、大きく見れば両国にとって平和と発展の時代だったと思います。

それでは国交正常化以前の50年とはどんな時代だったのか、そこを見てみましょう。いまから100年前の時代の話です。

いまから100年前、日清・日露の戦争に勝利した日本は、第1次世界大戦でも戦勝国となり、アジアの辺境の島国から世界の一等国に名を連ね、国力では依然として欧米列強には及ばないものの、その後を追うようにしてアジアへ進出しようとしていました。

1922年12月にはソ連が誕生しています。

満州にはすでに日本人居留民が大勢入植しており、地元の中国人との間では衝突が頻発、この混乱の収束は政府外務省と陸軍にとり、綱引きをしながらも双方で安定化に取り組む喫緊の課題となっていました。

しかし軍部は地域の安定を求めながら、一方で満州軍閥のトップ張作霖《チャンツオリン》の爆殺（1928年）、満州事変（1931年）、上海事変（1932年）と混乱をエスカレートさせ、世界的な軍縮の流れに抗うかの如く振る舞い、事態は地域の問題から国際連盟を巻き込む国際問題へと進んでしまいます。

そして1937年、ついに日本は中国との長い戦争に突入することになります。

この時代の日本人は、吉野作造《よしのさくぞう》の『対支問題』(日本評論社)によれば「隣国の友人を軽侮するという悲しむべき風潮」に巻き込まれてしまいます。

そして第2次世界大戦が日本を含む枢軸国の敗北で終わった後は、日本は西側諸国の一員となって敗戦から復興へ向かいます。

中国は戦勝国でしたが、毛沢東率いる共産党が蔣介石《チアンチエシイ》の国民党との国共内戦で勝利すると、1949年に中華人民共和国が建国され、東側陣営に位置することになります。

敗れた国民党は台湾へと移り、捲土重来《けんどちょうらい》を目指して、大陸反攻へ野望を隠しませんでした。

この後、約四半世紀の間、大陸の中国は日本にとって遠い存在となり、国交があったのは蔣介石の台湾でした。

その台湾は戦後、中国を代表する政府として、国際連合で常任理事国を務めていましたが、1971年に国連は大陸の共産党政府が中国を代表する政府だと決議し、台湾を国連から追放してしまいます。

日本とアメリカは、中国の国連加盟を認めながらも、台湾追放には反対するという姿勢を取りましたが、国連総会では多数決により追放が決定しました。

1971年はアメリカのヘンリー・キッシンジャー大統領補佐官が立役者となり、リチャード・ニクソン大統領の訪中を実現すべく周到な根回しをし、その成果を発表した年です。中国の国連加盟も、こうした動きなくしては考えられません。

これを受けて1972年2月、ニクソン大統領は中国を訪問し、2月27日、米中は上海コミュニケを発表し世界は回りはじめます。ニクソン訪中は歴史的に記念すべきことでした。

田中角栄首相の訪中は、この流れの中での7ヵ月後の大きな動きといえます。

結局、台湾とはこの日中国交正常化によって、「日華断交」する事態へとなってしまいました。

こうして果たした日中国交正常化が、今年で50周年を迎える節目で、再び日米が台湾へ接近するという考えもしなかった国際情勢の変化が生じました。

歴史の皮肉としか言いようがありません。

100年前から50年前までの日中関係を表現するなら、戦争と平和と混乱の時代と言うほかないでしょう。

国交正常化以降の日中はしばらくの間、経済関係では発展の乏しい時代が続いていましたが、お互いの国民感情は山あり谷ありではあったものの、総じて言えば友好的であり、たとえば華国鋒《ホワクオフオン》時代は、日本、中国共に8割を大きく超え9割近い国民が双方を好意的に見ていた5年間でした。

だが、こうした友好的な国民感情は中国経済が日本と肩を並べ、日本を追い越すまでの成長をするにつれ変わりはじめます。

21世紀前後になると、日中の国民感情は次第に悪化し、2001年小泉純一郎《こいずみじゅんいちろう》首相の靖国《やすくに》参拝をきっかけに中国国内で反日デモが起り、2005年には反日デモから一部暴徒化した市民が日本企業を襲うという事件も起きました。

この時期も経済関係では、世界の工場と呼ばれていた中国へは日本から投資も急増しており、日中の貿易額も毎年史上最高を更新し続けるような、経済面では中国ブームで「政冷経熱」といわれる様相でした。ですが、その一方で日中両国民の感情には、かつてのような友好ムードはなくなっていました。

そんな中、私が大使として中国へ赴任した2010年には、前述の尖閣漁船衝突事件が、そして日中国交正常化40周年に当たる2012年には、日本政府による尖閣国有化で両国の国民感情は最悪となりました。

日中の国民感情はいつの時代も、どちらの国が上か下かで認識が交錯し複雑でした。文化とは大陸から学ぶものだった江戸時代以前の日本人は、中国というだけで訳もわからず崇拝し、明治維新で日本がアジアでいち早く西欧化した後は、中国を近代化の遅れた大国と蔑視しはじめ、日清戦争に勝ったことでさらに軽侮する気持ちが定着するようになりました。

中国にしても、自分たちを軽蔑している相手に好意を持つはずがありません。

国交回復以降の日中の国民感情も、この何百年という長い歴史と同じような変遷を辿《たど》っているように思います。

’70年代の中国は、日本から見れば遅れた大国であり、格下に見える相手に友好的に振る舞うのは不思議ではなく、中国もまた日本から学ぼうとする気持ちが強く、双方が友好的でした。

しかしやがて中国は発展し、気がつけばGDPで追いつかれ、あっという間に追い抜かれてしまうと、日本にとっての脅威となりました、

それでも、まだ日本人にはどこか先進国意識が抜けず、中国を下に見る気持ちが残っているようにも見えます。それはかつての中国人の心理かもしれません。

主客を逆転して見れば、明治維新以降の日中の国民感情の変遷と合わせ鏡のようになりました。

こうした人々の感情は人間らしいと思います。日中は、上下意識、好意と反感の繰り返しの中で、国交正常化50周年を迎えることとなりました。日本にとって中国は歴史的奥行きを持った映し鏡と言えます。ですから、中国の姿を正面からまっすぐに見ることは、我々自身の足元を見直すために役立つはずです。

人間は変わらないものです。

10年前の日記を読み返してみても、そこに記されているのはいまと同じものを食べ、同じものを着て、同じことに怒りを覚え、同じことをしている自分の姿です。食べるものも同じ、着るものも同じ、考えていることも同じなら10年経っても、50年経っても人間が変わるはずがありません。

人間が変わらなければ社会が変わるはずがなく、社会が変わらなければ国も変わることはないはずです。試みに現代の新聞の中国関係の記事を、１００年前の新聞のそれと読み比べてみても、ほぼ同じ主張で紙面が飾られていることがわかります。

日本で宿痾《しゅくあ》のごとく変わらないのが権限と責任の不明瞭さです。権限と責任を不明瞭なままにすることで、身内のかばい合い、持ちつ持たれつの無責任体制となり、だれも責任を取らない。取らないどころか、失敗した当事者が何年か経てば、再び元の椅子に座ってしまうことも珍しくありません。

身内のかばい合い、持ちつ持たれつの無責任体制は、100年前から変わることなく続いているのです。

戦前に軍の上層部の無責任体制が、ついに日本を消滅の際《きわ》に追いやったように、日本人がいつまでも無責任体制を改めないようなら、日本の消滅は時間の問題という声が巷間《こうかん》からも聞こえるようになりました。

いまや世界は、グローバライゼーションの真っただ中にあります。

新型コロナによるパンデミックも、世界がすでに高度なグローバライゼーションの段階にあることを示しています。世界が高度にグローバライゼーション社会だから、新型コロナは発見から数ヵ月で世界中に感染が拡大しWHOも後手に回ったのです。

しかし、同時にパンデミックを乗り越えるのもグローバライゼーションしかありません。グローバライゼーションとは、世界の人々が技術と経済両面で絆《きずな》を持つ社会を意味します。新型コロナの世界的な感染拡大でも、パンデミックを抑えるために必要なことは、ワクチンを先進国から途上国へ提供することです。

世界的な絆のグローバライゼーションです。

ほぼ単一民族として、身内のかばい合いに注力している、ブロック化ともいわれる内向きの日本人が、グローバライゼーション社会を築くには一層の努力が何より望まれます。

ＡＩ技術等、最先端のハイテク技術の進歩は予想以上であり、世界は好むと好まざるとにかかわらず、ますます協力し合わざるを得なくなるのは間違いありません。それは環境問題や温暖化問題にとどまることなく、あらゆる分野に及ぶはずです。日本と中国は手を取り合って、世界を牽引するＡＩ技術、最先端技術の共同開発に取り組んでいくことも必要となります。

次の50年も日中両国民の平和と発展の時代であり、両者ができる限りグローバライゼーションの先頭に立ち、世界に絆を示す50年となることを願ってやみません。

２０２２年8月15日

目次

第2章　中国はやがて民主主義連邦国家に変わる　89

第3章　脅威論にとらわれては中国の真意を見誤る　127

序章　軍事大国中国がねらうのは

「台湾統一」は習近平の夢」は日米の読み違え

「日本と中国は引っ越しできません」

私が習近平に会ったとき彼はこう言った。尖閣問題と反日デモで日中関係が揺れに揺れていたときである。

日本が間違っている、中国が悪いと当事者同士で非難合戦をし合うさなか、当時、国家副主席だった習近平の発言は一味違っていた。

お互いに言い分や事情はあろうが、それでも隣国同士仲良くやっていくしかないではないか。地理的な関係はもとより、歴史的にも経済的にも、両国は関係を断ち切れないのだから、我々はそこに知恵を絞るべきである。

彼の言葉は私にそう響き、そう言う習近平には大人の風格さえ感じた。同時に表情に乏しい彼の顔に、信念らしきものが浮かんでいるようにも見えた。

日米だけが懸念する台湾有事

台湾有事すなわち中国の台湾侵攻の可能性については、この後の章で経済と軍事のパワーバランスを中心に詳述しているので、ここでは習近平の頭の中で「台湾統一」がどういう位置づけなのか、本当に台湾侵攻は秒読み段階なのか検討してみたい。

日本には、習近平と中国の人々にとって台湾統一は悲願だから、武力侵攻によって統一が可能との見込みが立てば、直《ただ》ちに台湾へ攻め込むと声高に主張する識者と呼ばれる人が少なからずいる。

アメリカの見通しも概ね同様であるため、いまや日本のメディアではそれが「常識」となっているかのようだ。

私は、この中国の台湾侵攻説には首をかしげざるを得ない。

たしかに70年以上前、国共内戦で蔣介石が大陸から追われて間もない頃、台湾の国民党政府と大陸の共産党政府は、台湾海峡を舞台に何度か実際の戦火を交えている。国民党は「大陸反攻」、共産党は「台湾解放」を標榜し、ともに武力統一を目指していた時代である。

当時の台湾と中国は、ふたつの中国は認めないという点で双方が一致していた。この時代にも台湾独立を叫ぶ人々はいた。だが、彼らの言う独立とは中国から分離し独立した国になることではない。大陸からやって来て台湾を統治している国民党支配からの「独立」という意味で、そのため当時の「独立派」はしばしば北京へ赴《おもむ》き支援を受けるという、今日ではとても考えられない現象が起きていた。

台湾での独立派は、その時代によって意味が異なるのだ。

ロシアのウクライナ侵攻後、日本では中国も同様に台湾へ攻め込むのではないかと、台湾有事を心配する人が増えている。日本人の台湾有事への懸念は、当の台湾の人々よりも強い。

ロシアのウクライナ侵攻後に行われた台湾の世論調査では、約6割が中国が台湾に軍事侵攻する不安はないと答えたのに対し、日本の同時期の世論調査では9割近くが、中国が台湾に攻め込むのではないかと不安視しているという結果が出た。

台湾では市民が中国の軍事侵攻の可能性は低いと考え、中国政府も表向き平和的手段による統一を第一としている。

奇妙なことに当事国よりも日本とアメリカで騒がしいのが、台湾有事の持つひとつの側面である。

台湾独立が武力衝突の引き金

台湾の大半の人々にはあまり実感がないにせよ、ホワイトハウスを含めて中国を脅威と見る人々は、いまにも中国が台湾へ侵攻するのではないかと考えているのかもしれない。

武力による統一が可能となったら、中国はすぐにでも台湾海峡を越えて進軍すると考えている人々の頭の中には、機会があれば武力統一を果たすべく台湾をねらっている中国の姿があるのだろうが、当の中国の公式発表は少し違う。

たしかに中国は一貫して台湾の「祖国復帰」を掲げ続けてはいる。しかし中国の発言は少しずつ変化している。

中国建国直後の武力解放、台湾解放という言葉は1950年代半ばから徐々に影を潜め、アメリカと国交を樹立した頃には使われなくなった。代わりに使われはじめたのが一国二制度であり平和統一だ。

統一は悲願ではあっても平和的な手段でという方針は、周恩来首相時代からあったものだが、2005年の第10期中国全人代第3回大会で公式に定められた。

だが、このとき定められた反国家分裂法は、独立派と見られる民進党の陳水扁《チエンショイピン》政権に対する牽制がねらいで、平和的手段による統一を謳《うた》うと共に、彼らに独立の動きがあったときには武力行使も辞さないとしている。

当時は胡錦濤時代だが、建前は崩さず本音も隠さないという強い姿勢であった。

蔣介石時代には「台湾独立派」を支援していた中国だが、台湾が中国から独立しふたつの中国とすることは、中国にとって今は容認できない事態なのである。

中国政府は、中国はひとつであるとして、表向き台湾を中国から分断された国家とは見ていない。

したがって台湾の独立はひとつの中国を分裂させる行為で、一国二制度は許せても、独立はけっして許さないというのが中国の固い意思であることは間違いない。

実は一致している習近平と台湾人の考え

中国はひとつという認識で動いている中国政府、およびそのトップである習近平にとって台湾が異なる政治体制でいることは、望ましい状態ではないものの、一時的には許容できる範囲にある。

香港《ホンコン》も同様だが、しかしその許容の範囲は台湾とは異なるようだ。

中国はひとつという認識の中国政府にとって、許すことができないのは中国を分断することだが、台湾は政治体制が違うとはいえ、考えの上では現状ひとつの中国の一部に属する。

この現状に関しては最善ではないにせよ、直ちに何か問題があるわけでもない。習近平政府にとって、台湾統一は重要課題ではあっても、緊急を要する課題ではないのだ。習近平の最優先事項は国民を豊かにすることである。

経済関係では、中国と台湾はすでにほぼ一体であり、両者の発展も同じレールの上にある。民間交流も中台の間で波風が立つことにより、影響を受けることはあってもなお高い水準を維持している。

台湾が独立に向かって動き出さなければ、中国は現状の一国二制度のままで一時的には何ら不都合はない。

しかし、台湾が独立に向けて本格的に動き出したときには、中国は武力で台湾統一へ踏み切ると言っている。

そういうときは来るのだろうか。

そもそも台湾には、台湾を中国と切り離して独立したいと望んでいる人がどれだけいるのだろうか。

台湾では定期的に独立について世論調査が行われている。その時々の中台情勢によって変動はするものの、台湾の人々が圧倒的に独立志向かというと必ずしもそうではない。では統一派が多いのかというと、統一を望む人は台湾では少数派だ。

多数派は現状維持である。調査機関によって数字に違いはあるものの、たとえば台湾の政治大学選挙研究センターが1994年から行っている世論調査でも、現状維持が常に多数派を占めている。この現状維持の定義はあいまいだ。

一方、やはり同研究センターが1992年から調査している意識調査では、「自分は台湾人」と考えている人の割合が最も多い。「自分は中国人で台湾人」と考えている人の割合を2006年に抜き、以後も増え続けている。反対に「自分は中国人」と考えている人は3％前後に落ち込んでいる。

中国人ではなく台湾人というアイデンティティが高いことで、独立を志向していると日本人は捉えがちだが、台湾の人々はそう単純ではないようだ。

独立国と認められていないため、国連や国際機関に議席のないことは台湾にとって愉快ではないだろうが、アメリカや日本などとは、正式の国交がないとはいえ、事実上いまでも政治交流はあるし、経済交流、民間交流も盛んで不都合はほとんどない。大陸とは政治的な交流はほぼないが、経済交流でも民間交流でも、両者は最も緊密な関係にある。台湾があえていまの状況を変える必要もない。

つまり習近平と台湾の人々の思惑は、実は広い意味の現状維持で一致しているのだ。

したがって2018年に出した『習近平の大問題』でも指摘したとおり、いま習近平が無理を押してまで、台湾を武力で統一しようとする理由は見当たらない。

ひとつの中国はアメリカも認めた原則

日中国交正常化の共同声明も、日中平和友好条約も、ひとつの中国を原則として成立している。

したがって、日中国交正常化以前に結ばれていた日台間の日華平和条約は、日中の国交回復と共に「存続の意義を失い、終了したものと認められる」（大平正芳《おおひらまさよし》外務大臣）となったのだ。以来、日本政府は表向き台湾と断交している。

米中の国交樹立に向けた共同声明である上海コミュニケも、当然ひとつの中国を原則としていた。

上海コミュニケは田中訪中の7ヵ月前だから、日中国交正常化と同じく2022年で上海コミュニケ50周年でもある。

しかし米中関係はトランプ大統領時代の関税の応酬、中国の海洋進出に対する米国の警戒など、経済と軍事の覇権争いで政治的には対立が続いており、しかも上海コミュニケ50周年に当たる2月27日は、その3日前にロシアがウクライナに侵攻するという最悪のタイミングだった。

さらに50年前「ひとつの中国を認識する」と共同声明を出し、1978年の第二次米中共同声明では、正式な国交の相手を台湾から中国へ移したアメリカは、いまになって台湾海峡で有事があったときには、軍事的にも台湾を支援すると大統領が台湾の独立を後押しするような発言をするまでになっている。

戦前、平沼《ひらぬま》騏一郎《きいちろう》総理は敵対するドイツとソ連の不可侵条約締結に「欧州の天地は複雑怪奇」と嘆じたが、複雑怪奇はいまも世界の至るところにある。

中国からすれば、日本もアメリカに同調しているように見えていることだろう。こうした日中の溝を埋めるには相互訪問と対話が重要だが、あいにくのコロナ禍でそれもできないままだ。

武力統一より先に訪れるもの

前述したとおり、習近平にとっての最優先課題は国民を豊かにすることだ。それが共産党の一党支配を担保する唯一の政策となることを、党幹部は痛いほどわかっているはずだ。

中国が台湾を侵攻する理由に、習近平が台湾統一を手柄として長期政権をねらっているという説もある。これこそ私にとっては摩訶不思議な論説である。

海を隔てた台湾へ侵攻することは、軍事大国中国にとってもかなりの困難を要する。到底、短期間で決着のつくことではない。

経済的に一体の中国と台湾が戦えば両国とも経済的に大打撃を受けることとなり、国民を豊かにするどころではなく貧困を招くのは必至だ。

14億人の中国国民がそれを納得するはずはなく、習政権は長期安定どころか足もとから危うくなってしまうだろう。賢い習近平がそんな愚かな選択をするとは思えない。

そもそも習近平に権力に恋々とする意思はない。

『習近平の大問題』で指摘し、当時多くの人の見通しでもあった習近平の2期での引退は、ここ数年の国際情勢の激変によって続投へ向かうものと見られている。

現下の国際情勢から見れば続投せざるを得ないのだろうが、一国のトップとして自分のやることは終わったと思えば、任期途中でも席を譲る覚悟のある人だというのが、習近平と直接何度も会っている私の見立てである。自身の保身を求めて権力の椅子に居座り続けることは、言うまでもなく民・官吏を問わず、組織の将来に大きな墓穴を掘ると歴史が語っている。

中国は世界第2位の経済大国だが、14億人を豊かにすることは簡単ではないのだ。1人当たりGDPで見れば、まだ中国は台湾の3分の1強にとどまっている。これが台湾に並ぶようになるまでは、経済政策からしても台湾を相手に、武力統一を試みる余裕など習近平にはないだろう。

むしろ危険なのは、中国国内で体制を揺るがすような大きな問題、不測の事態が起きたときで、窮地に陥った指導部は国内の混乱を収め、求心力を取り戻すために、対外的な強硬策へ打って出るかもしれない。

では中国が将来GDPで世界第1位となり、1人当たりGDPも台湾並みに向上した暁《あかつき》には、台湾に向けて武力統一の進軍となるだろうか。

軍事大国中国が選ぶ道

ＧＤＰで世界一、１人当たりＧＤＰでも台湾並みになっていれば、中国の軍事力もまた相応に強大になっているはずだから、台湾との軍事力の差は圧倒的となっている可能性は高い。アメリカにさえ迫っているかもしれない。

しかし私は中国14億人の国民が、台湾並みの豊かさを得るようになったときには、中国は台湾統一よりも大きな問題に直面することになると考えている。

大きな問題とは中国社会の民主化である。

これも『習近平の大問題』で述べたことだが、中国人のみならず人々はまず食うに困らなくなること、安定して暮らせること、豊かになることを求める。

やがて豊かになった国民はこの国の主人がだれなのかを考えはじめ、実は国を支えているのが国民である自分たちだということに気づく。

中国はまだ人々が豊さを求めている段階だ。

しかし豊かさがひととおり国民に行き渡るようになったときには、自分たちに与えられるべき権利を求めはじめるだろう。

民主化は避けられない道だ。この道理を中国政府の幹部、とりわけ習近平はよくわかっていると私は思っている。

民主化したとしても、中国がその体制を安定させるまでには、やはり相当な時間を必要とするだろう。

軍事力が台湾を圧倒するまでになっていたとしても、その頃にはとても台湾統一へ動き出せるような状態ではない。

日本のできることは何か

中国が名実ともに民主国家になったときには、習近平の言う平和的な統一が果たされるかもしれない。

あるいは民主化した中国であっても、台湾の人々はなお統一を望まないことだってあるはずだ。

台湾が統一を望まなければ、自治権を保障しつつ緩やかな連帯を組むEUのような形を選択することもあろう。

あるいはイギリスとアイルランドのような形で、相互の行き来や経済活動の自由度をさらに高め、高度な一国二制度とすることも可能なのではないか。

具体的な形はわからないが、長い時間をかけて両者は最善の形を見つけ、最善の形で「統一」に向かっていくと思われる。

我々日本人を含む部外者が、両者の間によけいな手を突っ込むことは、この道のりを長引かせるだけだ。

では日本はどういう姿勢でいればよいのか。

日本では、日米か日中か、すなわちこれまでのようにアメリカをパートナーとするか、それとも将来性を見込んで中国に乗り替えるかという議論がある。

アメリカか中国かの二者択一の議論だが、国際関係は日米か、日中か、日台か、ときれいに切り分けられるものではないし、そもそも切り分けるべきでもない。あちらを立ててこちらも立てるのが外交である。

人はとかく○か×か、白か黒かを鮮明にしたがるが、国際関係には○と×の中間、白と黒の中間があることを認識すべきだ。

しかも中間は1種類とは限らない。

したがって日米、日中、日台いずれにも固執することなく、ときに応じ状況に合わせて自在にバランスを取ることが肝心である。

日本は日中国交正常化以降の50年間、日中関係と日台関係をうまく並立させてきた。表向きは日中にのみ国交がある建前だが、民間交流では、戦前日本が台湾を統治していた歴史もあって、日台のお付き合いは長くて深い。正式な国交のない日陰者扱いは、台湾にとって愉快ではないだろうが、日台は実のある交流を続けてきた。

中国政府もこうした日台の関係は黙認している。

日中・日台関係のバランスを50年間取り続けた実績は生かすが、それだけでなく日中、日台のみならず日米関係を含め、これからもバランスを取り続けることが日本の国際関係における要諦だ。

日米中の関係は異なる複数の視点から見よ

我々は身近な人間関係でも、自分と他者A、自分と他者Bというふうにそれぞれ自分を起点に1対1の関係で捉えがちだ。

これが国際関係となっても、やはり日本と中国、日本とアメリカと1対1の関係を基本に考えてしまう。

日米関係と日中関係、どちらが重要かという議論がそれで、あくまでも日本から見たアメリカ、日本から見た中国と視点は常に自己中心的である。

しかし人間関係でも、国際関係でも、相手から見た自分がある。

つまり日本の姿には、日本自身が見ている日本、他国Aが見ている日本、他国Bが見ている日本と、国際関係では無数の日本の姿が存在するのだ。

日本、アメリカ、中国の3国の関係に絞っても日本の姿は3種類ある。日本から見た日本、アメリカから見た日本、中国から見た日本だ。同じ日本ではあっても、それそれが描く日本像がピッタリ一致するということはほぼないだろう。

しかも日本自身の描く自画像が、正確に日本の姿を捉えているとは限らない。国際関係を考えるときは、自らが思い描く自国の姿より、他国の描く日本の姿を窺い知ることが重要である。すなわちアメリカから見た日本の姿、中国から見た日本の姿に思いが至らなければいけない。

彼らは彼らをどう見ているか

だが、国際関係を読み解くためには、さらに別の視点が求められる。別の視点とはアメリカの見る自画像とアメリカから見た中国であり、中国の自画像と中国から見たアメリカである。彼らが自らと他国を見る視点を理解せずに、うっかりした行動をとれば両国との関係を悪化させかねない。人間関係でも一緒だろう。

しかし、現実に日米中の関係を考えるときには、さらにヨーロッパ諸国やアジア諸国の視点など、より複雑な視点が加わるのだから、国際関係を理解するのは容易ではない。

といって日本からの視点とアメリカからの視点だけに簡略化すれば、情報量の少ない日本は勢いアメリカの誘導のままに国際情勢を見ることになる。アメリカを信用できないというわけではないが、これでは安全保障上でも危ういのではないか。

ところが現在の報道の実情は、正にこの状態にあるように見える。我々が日常的に接している国際ニュースは、多極的な視点を欠いているように思えてならない。日本は情報へアクセスする機会は膨大なのに、現実に取得している情報は狭い範囲に偏《かたよ》っているのではないか。とてもグローバライゼーションに対応した状況ではない。

日本はいつの間にか中国、北朝鮮を含むアジアの情勢もアメリカ発のニュース報道に頼るようになっている。

外務省は各国に独自の情報ルートを持っているが、政府発表の段階となるとアメリカ発の情報が優先されているように見える。

中国は本当に世界の嫌われ者か

近年、先進国で中国の評判が悪いようだ。

アメリカでは米中貿易摩擦が顕在化したあたりから、ヨーロッパを含む先進諸国では2020年の新型コロナのパンデミックあたりから、日本に至っては21世紀に入るあたりからだから、20年以上中国に対し悪印象を持っている。

アメリカのシンクタンク、ピュー・リサーチ・センターが定期的に調査している各国世論調査で、中国の評判はここ数年最低水準にある。

2021年の調査結果では、中国を好ましくないとする世論の割合はアメリカで76%、ヨーロッパではドイツ71%、フランス66%、イギリス63%と不評が多い。日本は不評が88%と際立って高い。

先進諸国では軒並み評判が最低という状態だ。

先進諸国で軒並み不評なのは、新型コロナによるパンデミックが中国発という見方が大きく影響しているようだ。さらにこの調査の後だが、ウクライナに侵攻したロシアに接近する中国の態度が、さらに不評を高めているのかもしれない。

アメリカ人の中国評価が低いのは、新型コロナに加えトランプ大統領時代に貿易摩擦で関税の掛け合いをする中国の強気な態度に反感があったからで、パンデミック以前の2019年から急速に印象が悪化していた。

ヨーロッパの国ではわずかにギリシャが好意的52%と否定的の42%を上回ってお

り、アジアではシンガポールが好意的64%、否定的34%という結果である。

しかしピュー・リサーチ・センターの調査は、アメリカを含む先進17ヵ国の世論調査に過ぎず、これをもって世界の評価とは言いがたい。

また先進国の評価でも、パンデミック前は現在と異なった結果になっている。同じピュー・リサーチ・センターの２０１７年の調査結果では、アメリカでは中国に好意的44%、否定的47%と拮抗し、ドイツ、フランスはやや否定的が上回るもの の、イギリスでは好意的45%が否定的37%を上回っていた。

調査方法が異なるため単純比較はできないが、各国の世論の動きはそのときの中国との関係や国際情勢によって大きく振れるので、パンデミックが収束に向かい、世界経済が再び動き出したときこの評価がどうなるか、推移を見守るしかない。

日本独特の中国観

先進国の国民感情では不評の中国だが、対中貿易では２０２１年に史上最高額を記録している国のあることは、すでに指摘したとおりである。

20年以上前から中国嫌いの日本も、この間の対中貿易、対中投資は右肩上がりで伸び続けている。

ここ数年の中国に対する印象悪化は先進国全体の傾向だが、日本が中国に対して否定的なのは、他の先進国とは本質的に異なる点があるからのように思える。そこには「はじめに」でも触れた中国に対する我々の特殊な感情の存在があるだろう。

この感情は、恐らくアジアでも日本固有のものではないか。

アメリカにも中国に対する感情的なものがないわけではない。自分たちのおかげでいまの地位が築けたのにもかかわらず、大国になったとたんにアメリカに逆らうばかりか、アメリカの利益を脅かそうとしているのはけしからんという感情だ。

中国はいまやアメリカの覇権を脅かす存在だが、アメリカ人には恐らく中国をここまで引っ張り上げてやったのは自分たちだという思いがある。

感情的ではあっても利害関係を明確にするところはアメリカらしい。

日本人の感情論はもっと湿度を帯びている。かつては尊敬していた中国を次第に自分たちの下に見るようになった日本人は、再び中国を見上げることになった現実に複雑な思いを抱いているのだろう。

いや、それともいまだに民主化されない中国の国内事情や1人当たりGDPの低さを見て、まだまだ本当は自分たちが上と考えているのかもしれない。いずれにしても日本人の対中感情は、アメリカ人よりも複雑でやっかいだ。

日本がアメリカの脅威と見られたことも

アメリカ人が新興勢力に対して強い警戒感を持つことは、何も中国がはじめてではない。

中国ほどの脅威ではなかったにせよ、日本もアメリカの標的になりかけたことがある。それも戦前の話ではなく1970年代からのことである。その頃、日米の間では現在の米中と同じ貿易摩擦が深刻になっていた。

とりわけ自動車摩擦はアメリカ人の怒りを買った。

オイルショックでガソリン価格が上がるにしたがい、燃費のよい日本車がアメリカ国内でシェアを増やし、その結果アメリカ人労働者が雇用を奪われていると、自動車産業の中心地デトロイトなどでは「ジャパンバッシング」が巻き起こり、日本車をハンマーでたたき壊すデモンストレーションが横行した。

この頃のアメリカ人の対日感情は、恐らく戦後最悪の水準だったろう。

結局、日本は輸出量を自主規制し、20年近くをかけて徐々に現地生産を増やして、部品の現地調達割合も高め、アメリカ自動車産業およびアメリカ人と折り合いをつけていった。

当時を知る日本人の中には、日本は過去の経験を生かし、中国にアメリカとの付き合い方をアドバイスしてやればよいと言う人もいる。

我が目で見て判断せよ

日本のメディアでは一段と評判の悪い習近平だが、習近平を批判・危険視する識者と呼ばれる人の中で、実際に本人に会ったことのある人は何人いるだろうか。

もちろん批判はそれが妥当なら大いにするべきである。

だが、批判するなら想像や伝聞に頼らず、直接、現場へ出かけて行き、習近平に会うことはかなわないまでも、中国の人々の声を聞き、暮らしぶりを見て、彼らの胸の内を感じ取った上であってほしい。

いわんやアメリカ発の情報頼りで批判しているようでは話にならない。

実際に中国へ行き、現地の人々と深く接している日本人で反中を叫ぶ人はわずかだ。日本にいて叫ぶ人々と、現地にいてビジネスを行っている人々とでは、中国に対する大きな意識差がある。

日本にいては、中国を知ろうと思っても、ネット上は中国に対する大量のネガティブ情報、それに書籍や新聞、雑誌にあふれる「中国批判」記事に突き当たるばかりなのだから、日本人に中国嫌いが多いのは、一方向だけの報道で硬直している日本のメディアの問題でもある。

沈黙の螺旋《らせん》を超えて

何年か前までは、日本のメディアでは中国批判の記事を掲載すれば部数が伸びた。書籍も反中をテーマにすればよく売れた。中国をよく知らない人々も、記事に感化され日本人にとって中国批判は常識となった。

ドイツの政治学者エリザベート・ノエル＝ノイマンが50年余り前に、ひとつの意見が大きくなると反対意見は次第に縮小し、両者の関係は螺旋を描くようにして増幅し、やがて社会がひとつの意見に支配され反論が許されなくなるという仮説「沈黙の螺旋」を提唱した。

日本の反中論はそんな状況だったように思う。

しかし、いまは反中本を出してもそれほど売れなくなっている。雑誌も書籍も、反中というだけでは読者は納得しなくなったようだ。その一方で、本気で中国を脅威と深刻に考えている人の数も増えている。

中国が嫌いでも日本は引っ越すことができない。地理的にも隣国であるし、経済的にもお互い重要な存在だし、歴史的にも非常に深い関係にある。

新型コロナが落ち着けば、また中国からのインバウンドが急増するだろうし、日本から中国へのアウトバウンドも増えるはずだ。

そこで自らの目で見て、耳で聞いて、肌で空気を感じて、中国および中国人を再評価してもらいたい。やっぱり嫌だということもあるはずだが、意外によいところも発見できるはずである。

中国の評判が落ちているいまこそチャンス

戦後いろいろな国際問題を解決してきた日本だが、なぜか相手が中国となると、とたんに態度が硬直化する。

中国に対する先進国の不評をそれ見たことかと、低次元で喜んでいる場合ではない。評価が軒並み落ちているからこそ、いま積極的に関係改善に乗り出すチャンスである。中国の足もとを見るようで潔《いさぎよ》くはないが、ちょうど国交回復50周年という絶好のタイミングでもある。

雨が降ったときに傘を差し出すのが真の友人だ。20年以上よい感情を持っていない中国を相手に、いきなり友情を示せといっても無理な話だろう。しかし、中国は経済的には最も深い関係のある取引先である。その取引先に対して、たとえ真の友情はないとしても、真の友がとるべき態度をとることが、品格ある国としての姿勢ではないか。

こうしたチャンスを積極的に捉えてこそ日本の次のステージが見えてくる。いつまでも奇妙な感情問題を引きずってチャンスを失ってはならない。

世界経済の牽引車は、やがて中国からＡＳＥＡＮに移っていくだろう。だが世界経済の中心に、なお中国がいることは疑いない。

一方、日本がこれからの50年も、世界経済の中心にいられるかどうかは、これからの日本人次第だ。

見通しは真っ暗ではないものの、必ずしも明るくはない。

日本は中国と手を携えて、世界を大きく変えていくＡＩ技術や最先端技術の開発に力を注いで、技術開発のグローバライゼーションを図らなければならないだろう。

第1章

習近平は主席の任期途中で退陣するか

国家主席任期の撤廃は終身権力を企んでのことではない。
私が直接会った習近平は、国と国民のことを第一に考える
信頼するに足り得るリーダーであった。
地位に恋々とする者にはわからない！
雑音に惑わされることなく習近平の真意に迫る。

実物の習近平の印象

私は習近平とは十数回ほど会っている。

最初に会ったのは、私が中国駐在大使になってからであり、習近平はすでに中央政治局常務委員（チャイナセブン）の一員であり、胡錦濤主席の後継者として李克強《リークーチアン》と並ぶ最有力候補といわれていた頃である。

私が抱いた習近平の印象を一言でいえば「政治家、李克強より一枚上手」、リーダーの器の風格と誰もが感ずるようなものであった。

習近平の父である習仲勲《シーチョンシュン》（元国務院副総理）が、文化大革命で毛沢東に冷たくされた影響もあったのか、習近平は下放《かほう》（知識層が農村に行き生産活動に従事すること）の経験があり若い時に苦労している。

人間的には口数少なく温和、弱者の気持ちを理解できる人物というのが私の習近平評である。

彼は、本気で中国と14億人の中国国民のための政治を考えている、数少ない中国人のひとりだ。ただし、そのやり方は極めて現実的である。そこに法螺《ほら》やはったりはないというのが私の見立てだ。

日本のメディアで伝えられる習近平の姿は、実像にいくつものフィルターをかけているように見える。

そのため色は不鮮明、輪郭も奇妙なものになっている。

そもそも、習近平に直接取材しているメディアがない。直接取材が困難であれば、なぜ直接習近平と会見した人の話を聞かないのか。

現実と実物を見ないまま、先入観と先入観に合った伝聞を報道として流しているメディアの姿勢は、戦前の大本営発表を連想させる。

日本の政治家でも、習近平に直接会っている人は少ない。会っている政治家の中でも、習近平の実像を捉えている人はほとんどいないのではないだろうか。

人は結局、自分の器でしか物を見ることができない。器の小さい人には、大きな器の人の全容をつかむことはできないのだ。

そして、凡人は自分に似せて人を見る。

権力に固執する人は、他人も権力欲のかたまりと見る。自分の利益が最優先と考える人は、他人もまた自分と同じ利己主義者であると考えるのが普通だ。

実物の習近平を見ている私には、日本のメディアが伝える習近平像の歪《ゆが》みは、メディアの歪みを反映したものであり、また日本社会の歪みを投影しているように思えてならない。

一国のトップといえども神ならぬ人間、100点満点の人間はいない。知識、キャリアではなく、結局は人間の度量の大きさにかかってくるだろうし、心の鍛錬如何《いかん》といえるのではないか。

下放から党・国・軍のトップへ

習近平は1953年生まれで現在69歳、中国共産党中央委員会総書記、国家主席、国家中央軍事委員会主席の三権を掌握している。名実ともに党と国と軍のトップにあり、中華人民共和国の最高指導者の立場にある。

父の習仲勲は国務院副総理を務めた人であり、八大元老のひとりでもあった。そのため習近平は、幹部の子弟である太子党《たいしとう》のひとりに数えられる。

八大元老とは、一時、主席以上の発言力を持ち、非公式ながら国の最高決定機関とさえいわれていた。いわゆる権力の二重構造である。

八大元老の中心には鄧小平《トンシャオピン》もいた。

習近平は、こうした権力の二重構造、それに伴う権力闘争を父の習仲勲を通して見てきたはずだ。

文化大革命という一種の権力闘争によって下放を体験し、権力の二重構造という国の異常事態をつぶさに見ていることで、太子党ではあっても、習近平にはよくも悪くも華やかさやエリート臭さが表に出ない。

むしろ苦労人といったほうが、その風貌には当てはまる。

文化大革命で反動学生と批判された習近平は、1969年から陝西《せんせい》省延安《えんあん》市延川《えんせん》県に下放された。

1974年に中国共産党に入党、生産大隊の党支部書記を務め、農村での真面目《まじめ》な働きぶりが伝えられている。

その後、清華大学化学工程部に入学、1979年に卒業している。

49歳で浙江《せっこう》省党委書記に就任、2006年に起きた上海市の大規模な汚職事件後の新人事で54歳のときに上海市党委書記に昇格する。

この結果、中央政治局委員を経験することなく、一気にチャイナセブンの一員たる中央政治局常務委員に就任した。

そして2013年、第12期全人代第1回会議で党・国家・軍の三権掌握が正式に承認された。

三権を掌握というと、日本人の目には独裁者、強権主義者のように映るが、中国にあっては国と軍のトップである主席、党のトップである総書記の3つを兼任するというのはリーダーであるための必要条件なのである。

日本の政治でいえば、総理大臣は衆参両院で単独過半数を持つ与党のトップが務めることが、アメリカでいえば、上・下院の過半数を与党が持つことが、政策を実行する上で最もスムーズな形だ。少数与党の総理大臣や大統領では、議会で法案を通そうとするたびに苦労することになる。

中国トップが三権を掌握するのもこれに似ている。

たしかに、ひとりのリーダーに巨大な権力が集中すると、だれもブレーキをかけられないということが起きる懸念はある。

しかし、それは世界のどの国でも同じことだ。単独で絶対多数をとる与党の総理にブレーキをかけられないのは、いま我々が目の当たりにしていることである。

いや日本では選挙がある、いかに絶対多数の与党の総理といえども、選挙の洗礼を避けて通ることはできない、だから中国と日本では違うという意見がある。

たしかに選挙制度の違いは大きい。

しかし中国政府といえども、国民の不満や反発を無視して、いつまでも政策を強行できるものではない。

国民の支持が得られなければ、現在の社会では政策も政権も続けられないのは、日本も中国も、おそらく北朝鮮でも同じである。

習近平が追う中国の夢

習近平は２０１２年秋の主席就任演説でも、かつて彼が随所で何度も語った「中国の夢」について述べた。このとき中華民族の偉大な復興に、継続して奮闘すると声高に宣言している。

では「中国の夢」とは何か。

中国は19世紀から20世紀の前半にかけて、諸外国からいろいろなものを奪われた。

１８４０年から42年にかけての阿片《あへん》戦争で敗北し、清国はイギリスに香港を奪われた。

後を追うように日本、ドイツ、アメリカ、これらの国々が中国に進出し、中国人の主権を侵害してきた。1915年には、当時の袁世凱《ユアンシーカイ》政権が日本の「二十一カ条の要求」を承認させられた。

「中国の夢」とは、端的にいえば、これら過去に奪われたものを取り戻すことである。

自分の国なのに主権がないという屈辱を受けた中華民族に誇りと大国の地位を取り戻す試みが「中国の夢」である。それは同時に中国人の深層心理にある敗北感、劣等感を払拭することでもある。

過去に鄧小平は「韜光養晦《とうこうようかい》」すなわち「隠れて爪を研いで表には出さない」とした。しかし、習近平はついに牙を剝き出し「力を示すことに中国は躊躇しない」という一大決心を表明し、今後もその方針を継続するとしたのである。

企業経営にあっては、誇りなき社員では優良会社をつくれない。

誇りある社員の誇りとは、仕事に対する誇りである。仕事に誇りを持つ社員は、仕事で手抜きやねつ造、偽造などは誇りが許さないから絶対にしない。誇りある社員の誇りある仕事は会社の信用を高める。

「信なくば立たず」という。国も企業も信用がなければ成り立たない。

国民に誇りがなければ、国の信用は高まらない。世界の一流国になるためには国民の誇りは大事なのだ。

国も企業も同じである。こうしたことが習近平の「中国の夢」のすべてではないにせよ、背景の中核にはあるはずだ。

「中国の夢」は、経済と軍事など、力の面では着々と所期の目標実現に向かっているように見える。

しかし、中華民族の誇りを取り戻すためには、力だけでは実現が不可能だろう。力だけ、図体だけでは、世界から信用されないし、尊敬もされないからである。

世界から信用と尊敬を得られなければ、世界をリードする国にはなれず、中華民族の誇りが取り戻せないことは当然だ。

世界から信用と尊敬を得るためには、力で押すばかりではダメだということを、中国のトップたる習近平は十分心に刻んでいるはずだ。

中国国民に根強い人気の習近平

日本で習近平といえば、権力者、独裁者、対外的な野心を持った人物という危険なイメージを持たれている。三権を掌握し、さらに任期制限を撤廃したことで、ますますこのイメージが強くなっているように見える。

私は2016年に『習近平はいったい何を考えているのか』(PHP新書)という本を出したが、いまも多くの日本人はこのタイトルのように思っているはずだ。

結論からいえば、二人で会話をしても会談をしたことはなく、習近平が何を考えているのかは本人にしかわからない。本人と十数回も会ってきた私でも、習近平の本心を探り当てることは難しい。

現在、中国で習近平の人気は高い。その理由は、国民の生活が上向いているからだ。習近平はトップに就任以来、民生分野に予算を割いてきた。もうひとつの理由は、反腐敗運動がやはり国民の喝采を受けていることにあるし、いま以上に内外ともにうまくやってくれる後継者もいないと言う中国人も多い。

一方、少数民族問題では、相変わらず強硬な姿勢で圧力をかけ続けているし、香港政府による国家安全維持法制定を主導するなど民主化の動きにも目を光らせている。SNSやネット上の発言に対する中国当局の監視と締め付けは、依然として厳しいままだ。

当局のSNSやインターネットへの介入には、若者を中心に不満が募っている。習近平体制になって言論の取り締まりは、一層厳しくなった。

しかし、こうした不満はなぜか習近平には向かわない。習近平体制となって監視が厳しくなったにもかかわらず、国民の不満は習近平には向かわず、中国の取り締まり当局に向かっているという。習近平は好きだが、役人は嫌いということである。

中国でビジネスをしている人たちに聞いたところでは、こうした中国社会の姿が浮かび上がってくる。

政治家小沢一郎《おざわいちろう》の危惧

だが、こうした印象とは異なる見解もある。

30年以上にわたって日中関係に取り組んできた政治家の小沢一郎氏は、頻繁に中国と交流を続けているが、必ずしも習近平体制は盤石ではないという。

「もし体制が盤石であるなら、習近平はあそこまで権力を自分に集中させる必要はないだろう。不安があるから権力を集中させているのではないか」

反腐敗運動も、粛清された側が大人しく退場するはずはなく、激しい権力闘争に発展する恐れもあるというのが、小沢氏の見立てだ。

小沢氏自身は習近平と直接の面識はないということだが、胡錦濤をはじめとして歴代の指導部と交流を持ち、30年以上にわたって日中関係に取り組み、中国国内にも多くの友人を持つ。日本には数少ない中国通の政治家である小沢氏の言葉だけに重みがある。

習近平を独裁者、強権主義者と見ている人々は、習体制が盤石でこの先何十年も続くものと考えている。それゆえ脅威と感じているのだ。

一方、小沢氏の見解では習体制はけっして盤石ではなく、一見強固なように見えるが、むしろ中国は外からは見えない障害を内部に抱えているようで心配だという。

この懸念は、正鵠を射ているのかもしれない。もし小沢氏のいうように、何らかの問題が国内にあれば、習近平も再び対外的に強硬な政策を打ち出し求心力を取り戻そうとするだろう。それはアジアの不安定を招くのみならず、世界を緊張の渦に巻き込みかねない。台湾有事もこの文脈からならあり得る。

そうした事態に至らないよう、あるいは中国国内に問題があっても、日本のダメージを最小限に抑えられるよう、日本政府は中国の政治家にパイプをつくり、中国国内政治の情報に通じておかなければならない。

ところが日本政府の動きは緩慢なままというのが実情だ。経済的には、日中関係は少しずつ回復している。

一方、政治的な日中関係は実質的には一歩も進展がない。2019年以降、コロナ禍もあって日中首脳が直接会談する機会はないが、電話やオンラインであっても会談を続け、100年、200年先の長期的視点で局所、核心に触れる話し合いがなされ、前進してゆくことを期待したい。

そういう意味でも小沢氏のような中国に精通した練達の政治家が、日中関係の前面に立ってほしいところだが、いま政府の中枢にある政治家で中国と正面からやり合える人は見当たらない。

権力闘争は終わらない

小沢氏の言うように習近平の権力が強くなればなるほど、敵も多くなるというのはバランス・オブ・パワーのメカニズムである。

したがって、権力闘争はいまも続いているという小沢氏の警鐘はそのとおりである。

一方、私は、ここまで何回か述べているように、習近平自身がそれほど権力の集中や掌握に固執しているとは考えていない。

たしかに内部の権力闘争は、いまもなお続いていると思うが、闘争はそれほど長くは続かないだろう。

なぜなら、習政権はあと10年も続くことはなく、意外に早い段階で後進に席を譲ると見ているからだ。

ただ、引退するまでは、現在の権力を一歩も譲ることはないだろう。

したがって反習近平派も、いま権力の絶頂にある相手に挑むというリスクの大きな賭けには出ず、習近平の引退を待つはずだ。

中国国内の権力争いは、しばらくは様子見の状況が続き、表面的には凪《なぎ》状態となるように思う。

2018年の7月に新華社のネットニュースサイト「新華網」に習近平の神格化に対する批判記事が載った。

といっても直接、習近平の批判記事が出たわけではなく、過去の華国鋒元国家主席の神格化を批判した記事が出たのだ。

この華国鋒批判の記事が、習近平批判の言い換えであることは明らかである。

また、習近平の母校精華大学の教授が、個人崇拝や主席の任期撤廃に関する批判論文をネット上に発表したという報道もあり、日本のメディアでは、反習近平派の動きが活発化したのではないかと言及する人が増えている。

しかし私は、こうした反習近平の動きに見える報道の背後には、習近平自身の個人崇拝抑制のねらいがあると見ている。

行き過ぎた個人崇拝にブレーキをかけるために、あえて批判記事の掲載（短時間ではあるが）を許したのではないか。

つまり、新華網の報道も、習近平批判の論文の発表も、実際のねらいは習近平の個人崇拝を積極的に進める勢力に対する習近平自身からのけん制にほかならない。

それが「声東撃西《せいとうげきせい》（東に叫んで西を撃つ）」の中国である。

そもそも習近平には、自身を毛沢東のように神格化する意図はない。

習近平の思想はむしろ逆だ。

それが、つらい下放を経験した人間にとっての原点である。習近平が、毛沢東と同じ道を歩むとは、私には考えられない。

終身主席は権力欲の暴走と見るのは誤り

　習近平の右腕として、ともに反腐敗運動を強力に指揮してきた王岐山《ワンチーシャン》（国家副主席）が、2017年10月の党大会で中央政治局常務委員を退任した。党の「68歳定年」の慣例に従った結果である。

　私は王岐山の退任を報道で知ったとき、王岐山の今後の処遇によって習近平の今後の政策も見えてくると、「東洋経済オンライン」に次のような記事を寄せた。

「反腐敗運動とは、一面では粛清であり権力闘争である。

　粛清される側は己に非があろうと、なかろうと、隙あらば逆襲に出んと身構えている。もし、習近平が粛清の手を緩めれば、たちまち反撃を食らうことになる。

　粛清は相手が抵抗する気力も体力もなくなるまで、徹底してやらなければこちらがやられてしまう、そういうものだ。

　中国の政府幹部たちは、こうした権力闘争の力学を我々日本人以上にわかっている。

　したがって、習近平が反腐敗運動の手を緩めることはあり得ない。反腐敗運動をぬかりなく継続したい習近平にとって、苦楽を共にした長年の『戦友』であり、頼りになる『事実上のナンバー2』の王岐山は手放したくなかった人材のはずだ。

　ことはひとつ間違えれば、我が身の政治生命はおろか身体の安全にも関わる重大問題であるからだ。

　しかし、ここでも習近平は68歳で引退という党の慣例を守った。慣例は守ったものの、新任の趙楽際《チャオルーチー》では、まだいかにも心もとない。王岐山は指導部からは退き表には出てこないかもしれないが、何らかの形で習近平を支えるポジションに就くものと私は見ている。

　企業でいえば王岐山は、取締役は退任するが、監査委員会の委員長として側面から習近平を支える形になるのではないかということだ。

　果たして、2018年の全国人民代表大会で王岐山は国家副主席に選出された。そしてその後は批判の声も出ているようだが、共産党100周年を迎える年を前にして過去の副主席とは異なり、日本、韓国等海外に習近平の陰の代役として動き始めている。

王岐山と習近平は下放時代からの付き合いだ。ふたりにはひとつの布団をふたりで分け合ったという逸話もある。習近平にとって王岐山ほど、信頼できる人物はほかにいないのだろう。

やらなければやられるのが権力闘争

トラは死んだわけではない。

牙も爪も持ったまま、いまは死んだふりをしているだけだ。王岐山の副主席就任は、習政権が今後も反腐敗運動の手を緩めないという強いメッセージであり、完全に腐敗が撲滅できるまで徹底した締め付けが行われることを意味していると私は読んだ。現に今も目を逸らすことはなさそうである。

もし、習近平が任期制限を残していれば、トラは任期中は死んだふりをしていても、終了間際になれば必ず牙を剝く。任期制限を外す背景には、トラの反撃を徹底的に抑えるというねらいもあったはずだ。

「レイムダック」となった政権の弱さは、世界中で見られる光景である。腐敗を撲滅するためにも、本人の安全のためにも任期制限は外さなければならなかったのだ。習、王ラインにとって追い風は国民の支持である。

反腐敗運動は国民に人気があり、少し前から地方の役人でもゴルフ接待を断るようになって仕事がしづらくなったという現地の日本企業からの声さえ聞く。贈り物や付け届けも受け取らなくなったという話もだいぶ以前から聞いている。

国によるネットアクセスの規制や情報統制は国民に甚だ不人気だが、習近平の反腐敗運動は、一帯一路政策と並んで国民に根強い人気がある。

王岐山は、習近平の政敵らの汚職を摘発し、習近平に権力を集中させた功労者だ。国家副主席は主席を補佐する役職で、かつて「事実上のナンバー2」と呼ばれた王岐山は再び国のナンバー2となった。

王岐山の役職、国家副主席も主席同様任期制限がない。欧米や日本のメディアは終身権力者と批判したが、任期に制限がなくなったからといって、それが直ちに終身権力の座に居座るということを意味するわけではない。任期半ばで退任することもあるし、目標達成を節目に辞めることもある。

政治や人事が、直球ばかりでは動かないことぐらいだれでも知っている。ましてや、その当事者である習・王のふたりであればなおさらだろう。

私が習近平でも同じことをする

それでも習近平の権力欲を疑う人はこういう。

２０１７年10月24日に閉幕した党大会に続き、翌25日、第19期中央委員会第1回全体会議（1中全会）で、党の最高指導部である中央政治局常務委員の人事が発表になったが、この発表には、習近平の後継者と目されていた陳敏爾《チエンミンアル》重慶《じゆうけい》市党委書記の名前がなかった。

そのため、日本のメディアに「3期目をねらう習近平」という見立てが広がることとなった。

たしかに江沢民《チヤンツエーミン》のときには胡錦濤が、胡錦濤の時には習近平が、若くして中央政治局常務委員に抜擢・登用され、後継者と目されるわかりやすい人事であった。

２０１７年の人事では、後継者となる若手の常務委員入りがなかったため、習近平の跡を継ぐ人間がいない。

だから習近平は引き続きトップの座に留まるに違いない、と見ていたところへ主席任期の制限撤廃である。

メディアは、ますます習近平の終身政権を有力視するようになった。

『習近平の大問題』を出版した2018年当時には、わかっていたのはここまでである。その後に激化した米中貿易摩擦、双方の関税の掛け合い、継続する中国の一帯一路、海洋進出、さらに新型コロナ感染拡大で米中関係は悪化し続けている。

こうして立て続けに起きた国際問題を背景に、不安定さの増した米中関係と、それに追従するように冷え切った日中関係を抱えて、結局、当時日本のメディアが騒いだ習近平の3期目の続投は、現実路線として衆目の一致するところとなっている。

中国では毛沢東以降、3期以上にわたって主席でいた権力者はいない。

だから多くの日本人が、習近平は毛沢東と同じ終身権力者の座をねらっていると見ても無理はないだろう。だが一方で、こうした見方だけを正しいとして、それ以外の見方を否定する態度は健全とはいい難いように思う。

たしかに権力者がすこしでも長くその座に留まろうとするのは、古今東西でよく目にする光景ではある。

だが、日本の株式会社でも過去に松下電器（現パナソニック）が3代目山下俊彦《やましたとしひこ》社長を25人抜きの「山下跳び」で抜擢したように、序列を飛び越えてトップを選ぶことは珍しくない。後継者が既定の路線以外、想定外のところから抜擢されることはないと、どうしていえようか。

順送り人事で次のトップが決まるというのは、日本人の勝手な考えである。激動の世界にあっては、むしろ抜擢人事の可能性のほうが高いというのが私の考えだ。

一方、中国が名実ともに世界の大国・一流国になるには、ここ数年が山であることも中国人自身がよくわかっているはずだ。

ここまでは成長期の勢いで来たが、これからはもう勢いは望めない。生産技術と品質を上げなければ、再び世界に取り残されるという危機感がある。この危機感は、経済成長が生命線である中国共産党にとっても深刻である。

低価格の大量生産は、もはや中国の得意分野ではなくなっている。経済が発展すれば労働者の賃金も上昇する。

ユーザーはより高い品質と技術を求めている。中国の産業も、そうした世界の需要に応えなければ生きていけなくなっている。

社会と産業の近代化なくしては、中国の持続的な成長も望めない。

近代化を実現するためには、党幹部や役人による汚職や腐敗は大きな妨げとなる。

反腐敗運動に政治闘争の影がなかったとはいわないが、権力を掌握する口実のためだけに粛清を続けたという見立てには賛同できない。

退き際が習近平の真価を決める

中国には中国なりに、腐敗を撲滅しなければならない事情があるのだ。14億人の国民を食わせていくためであれば、私が習近平でも反腐敗運動を徹底したであろうし、そのために必要とあれば権力を一手に掌握したかもしれない。

終身権力者の立場という利己的発想だけで、憲法を改正したと見ることは、習近平を見誤ることにつながる。習近平には、いや多くの国や組織の指導者の心底には、国民のためという大義があると私は確信している。

たしかに、憲法改正直後に散見した中国系メディアの「中国にとって、社会主義の現代化を実現するにあたって重要なステージで、中国と中国共産党は安定した、強力で、一貫したリーダーシップを必要としている」という主張は、いかにもご都合主義に映る。

だが、その一方で中国が世界の大国・一流国になるには、強く優れたリーダーの存在が欠かせないというのも事実だ。

習近平を一方的に独裁者と切り捨てるのではなく、政治の本道に立って、もう少し彼の言葉と行動に注目してもよいだろう。

習政権において権力が腐敗するか否かは、習近平の退き際にかかっている。

我々は習近平政権が10年単位のものと決めてかかっているが、過去の習慣にとらわれることなく国の将来を考える真の大国の主としての彼の精神を忘れてはならない。だから私は多くの日本のメディアや有識者が考えているよりも早く、長期政権が国を滅ぼすことを百も自覚している習近平本人による退任の宣言があるものと考えている。

そのときは、盟友、王岐山もいっしょかもしれないし、王岐山のほうが少し早いかもしれない。

人の真価は、結局その退き際で決まる。

習近平の遠慮なき長演説は長老政治への決別

そもそも主席の任期を制限し、長期政権に歯止めをかけたのは鄧小平に遡る。鄧小平は「毛沢東時代と直後の混乱を繰り返すまい」と、主席の任期を10年に制限することを定めたとされている。

そのため習近平の憲法改正は、毛沢東時代への回帰と見る論調も多い。では、鄧小平が主席の多選を禁止して以降、中国の権力の継承はスムーズに次世代へとバトンリレーされたのか。私はノーだと考えている。

たしかに以後の歴代主席は2期10年以内で退任しているが、権力は表舞台から退いただけで、隠然たる影響力を陰から行使し続けていた。

そもそも八大元老という名の長老支配は、鄧小平本人が草分けだった。そして習近平の父、習仲勲もその長老のひとりであった。

主席の任期制限は、外形上はクリーンな印象を与えるが、実態は真の権力者に任期はなく長老が裏で権力を行使していたのだ。

江沢民は任期を守って退任したといっても、長老として胡錦濤政権の手かせ足かせとなった。江沢民の長老支配に手を焼いた胡錦濤は、習近平と意を通じ、江沢民の力を殺いだのである。

習近平が任期制限を撤廃したといっても、実質はいままでなら2期を超えても、陰で動いていた権力が、今回、誰の目にも見える透明度の高いものとして、表に移っただけということもできる。

長老時代の終焉《しゅうえん》を演出

2017年の党大会は一言でいえばナッシング・ニュー（新しいことは何もない）であったが、長老支配に対する変化は垣間見えた。

2017年10月、5年に1度の中国共産党大会（正式には中国共産党第19回全国代表大会）が北京で開かれた。大会が、中国の今後の針路を決める最高意思決定機関であることはいうまでもないが、このときの党大会も、これまでやってきたことを、これまで以上にやるということで、特に目新しいものは何もなかった。

それより、注目すべきは別のところにあった。この党大会では、冒頭の習近平国家主席（共産党総書記）の3時間半に及ぶ長い演説が日本でも話題となった。ここで私が注目したのは演説の中味ではなく、演説中および演説終了後のふたりの長老の態度である。

演説のあまりの長さに、江沢民元主席は途中で居眠りをはじめ、胡錦濤前主席は演説終了後の習近平に向かって、不満げに自分の腕時計を指さす仕草をした。

ふたりとも、習近平がこんなに長い演説をすると、あらかじめ知らされていなかったことが、この態度からうかがえる。

習近平は大会冒頭の演説に関して、長老のふたりには何も事前に相談をしなかったのだ。

もし、はじめから長い演説をすると知っていれば、江沢民は眠気覚ましの準備をしただろうし、胡錦濤は演説後に不満を表す必要もなかった。

大会の会場では、ふたりの長老を立てて中央に席を用意したが、習近平にとって長老たちは、もはや事前に相談を要する相手でもないし、顔色をうかがうべき相手でもなかったのだ。

長老が影響力を残す時代は終わったのである。

中国は、現在の指導部が権力を持ち、権力を行使するという意思表示を、習近平は3時間半という時間をもって、長老および全国の代表者たちへ突きつけたのである。

「もう人事でも遠慮はしませんよ」と、言葉を用いぬ宣言を行ったといえよう。

思えば、主席の任期制限も長老支配も鄧小平が淵源である。

習近平の憲法改正と党大会の長時間演説は、鄧小平の時代が終焉を迎えたことを告げ、改革開放時代から次のステージである新現代社会主義時代の幕を開けたのだ。

腐敗の根をひとつずつ断つ

「可能な者から豊かになる」という「先富論《せんぷ》」で鄧小平は改革開放を進めた。その目指したゴールは、世界から大きく遅れた中国の近代化であった。

改革開放政策の結果、中国にも富裕層が生まれた。

しかし、豊かさは上から下への順送りとはならない。放っておけば、豊かな者はより豊かになろうとするから、貧しい者との格差は広がるばかりだ。

「可能な者から豊かになる」という方針が、国家を近代化するための戦略であるならば、統治機構による都市から地方への分配が必須条件となる。

それを鄧小平は「可能な者から豊かになる」「そして落伍した者を助けよ」と表現した。

鄧小平は、おそらく「先富」とともに、富の再分配の重要性を認識していたはずだ。しかし、結果として分配政策は十分に機能したように見えない。

そればかりでなく、鄧小平は国の中に二重権力をつくってしまった。統治機構による分配という強権が、正規の組織の外にいる権力者によって行われるようになれば混乱と汚職は必至である。鄧小平が健在のうちは、それでもにらみが利いただろうが、鄧小平以後は規律なき奪い合いに歯止めがかからなかったはずだ。

企業でも二重権力が生じ、その結果、経営陣が乱脈経営を行えば、必ず会社は破綻へと向かうことになる。

乱脈の結果生じるのは、一時的な赤字ではなく悪しき企業体質だ。赤字でも経費を節約することを考えず、生産性の悪い仕事も惰性で続ける、あげくの果てには粉飾会計で偽の決算書をつくるというのが、乱脈経営の行き着く先である。

信じられないことだが現実の話である。この背景には、賄賂が官庁・役人ぐるみで行われていたことがある。古き社会主義経済の驚くべき姿だ。

中国では事実こういうことがあった。ある国有公社では、会計上の数字と実際のお金が合わない。帳簿の上ではあるはずのお金がないので、経理担当者を問い詰めると、悪びれた様子もなく「お金はありません」と答える。

国から評価されるのは生産量であるから、目標製品をせっせとつくったものの、どこも買ってくれないため会計上は不良在庫になってしまった。そこで在庫をタダ同然の値段で売ったのだが、売りっぱなしで代金回収をしていない。

相手先に請求しろというと「客先不明」、では損失計上をしろというと「現金不足で破産だ」という。税金はどうしたのかと聞くと、そんな大赤字なのに二重帳簿の如き会計処理でことなきを得ている。

社会主義経済はかくして破綻していった。こうした粉飾がまかり通るのは、監督官庁の役人が賄賂で目こぼしをしているからだ。

見せかけの売上をつくるために、製造すべきでない物を大量に生産し、過剰な在庫を抱え、大幅な値引きで処分する。さらには、生産はすべて売上計上するという会計処理が横行する。その上、代金回収を無視すれば公社といえども倒産は免れないのが当然だ。

魚は頭から腐る

汚職や腐敗が蔓延していた中国には、こうした負の体質が至るところに存在していたであろうことは想像に難くない。

しかし、その公社は生き続けていた。それは、賄賂を受け取った役人が便宜を図っていたからである。

そうして不良資産となった公社が、中国の地方にはたくさんあった。

その負債金額を合算すれば、とてつもない数字になるだろう。この不良資産は、すでに中国にとって重荷となり、成長の足を引っ張っているはずだ。こんなことをいつまでも続けていては、近代化など永遠に果たせない。

企業の乱脈の原因を追及すれば、必ず経営者に行き当たる。

中国の場合は、さらにその原因を探っていけば直接賄賂をむさぼり、汚職に手を染めている「ハエ」を越えて、構造上の大きな問題としての長老という存在へ行きつく。

組織外の権力である長老の存在は、もともと規律の外にあり、規律外の存在を許すことは綱紀のゆるみを生む。

江沢民や胡錦濤も、もちろんこの状況を知らなかったはずはない。しかし、彼らは手を着けなかった。いや、手の打ちようもなかったといったほうがよい。

「魚は頭から腐る」ということわざがある。

企業でも、国でも、組織というものは腐るときには頭から腐るものだ。したがって、事を糺《ただ》すにはトップから襟《えり》を正していくしかない。

習近平は手を着けた。手を着けなければ、中国の近代化は果たせないからだ。近代化が果たせなければ、この先の中国の成長も発展もない。

そのためには鄧小平以来の権力構造、長老支配を解体する必要がある。党大会での長時間の演説は単なる長話ではない。党も、国も、軍も、権力の所在は、いま名実ともにひとつであり、それ以外の存在はないことを宣言してみせたのである。

江沢民も、胡錦濤も、習近平に従った。それが長老支配の終焉を意味する光景だったのか、長老派が一時的になりを潜めたのかは、時間の経過とともにはっきりわかるはずだ。

習八項から垣間見える習近平の危惧

2012年12月、習近平は副主席時代に反腐敗運動の一環として、共産党員を対象として8項目の綱紀粛正策を発表した。「習八項」と呼ばれるものである。

日本では、その後の「ハエもトラもたたく」のスローガンで展開された反腐敗運動のほうに注目が集まり、「習八項」はあまり知られていない。

その中で日本人には奇異に移る項目のいくつかを紹介しよう。

・役人が視察するときにレッドカーペットを敷かない
・テーブルの上に花を飾るような華美な対応をしない
・外国訪問で現地の中国企業や留学生代表などによる送迎を手配しない

このほかにも、視察で応対する側は宴会を手配しない、飛行機のファーストクラスに乗らないなど赤字会社の経費節減策のような規定もあるし、文書・報告書を簡潔にする、無駄な会議をしないなどといった、働き方改革の施策のような規定もあり、かなり細かい。

とりわけはじめの3つは日本人には奇妙な規定だ。お客が来たら、宴会はともかくとして、テーブルの上に花くらいは飾ってもよいではないかと思うし、役人が視察に来たら、国有企業はいちいちレッドカーペットを敷いて出迎えていたのかと驚く。

この「習八項」を見てふたつのことを思い出した。ひとつは日本の昔の話で、もうひとつは中国の昔の話だ。昔といっても、どちらも20世紀のことである。

日本の昔の話は戦時中だ。当時の火薬メーカーは軍需産業であるから、定期的に陸海軍の幹部将校が視察に訪れる。あるとき陸軍の将校が海軍と同じ門をくぐるのは嫌だ、陸軍専用の門をつくれといってきた。

火薬メーカーは、仕方なく正門とは別に、陸軍が通るためだけの門をつくった。

それを見た海軍将校は、陸軍には専用の門があって海軍にないとはけしからんと、海軍専用の門をつくらせたという。

東京の芝増上寺には将軍が訪れるときにだけ使う「御成門」があったそうだが、旧陸海軍も同じことを求めたのである。

地方幹部の専横

もうひとつの中国の話とは、'70年代、地方の党幹部が地元に戻ると、駅に大勢の人々を出迎えに出させていたという記事だ。

記事としては、こうした悪しき風潮は共産党の信用を傷つけるのでやめるべきだという論調だった。記述の内容から推し量ると、地方幹部が地元で皇帝のごとく振る舞うことは、当時だけではなく、相当以前からあったことがうかがわれた。

中国というひとつの国の中に、またそれぞれに皇帝をいただく小さな国があるかのような印象を受けた覚えがある。

日本の幕藩体制下では「殿様」は常に3人いた。徳川将軍、藩主、それに藩士の家にいる下僕から見れば藩士も「我が家の殿様」であった。こういう権力構造は、欧米人には理解しづらいかもしれない。

現代に生きる我々にとっては、どれも封建主義的な権力というように見える。

中国では、つい最近まで地方の役人の専横がまかり通っていたということになる。それも、一般の中国人が見ても目を覆うようなひどさだったことがうかがわれる。

日本でも'90年代末に起きた大蔵省の不祥事を受け、国家公務員倫理法ができたが、やはり良きにつけ悪しきにつけ中国は日本と桁が違う。

日本でも大蔵省の接待汚職事件で役所の信頼が失墜し、大蔵省は財務省と金融監督庁（現・金融庁）に解体されることとなった。

日本の場合は、ひとつの役所がふたつに分解されただけだが、接待汚職の規模が桁違いの中国にあっては、ひとつ間違えば共産党独裁が正当性を失いかねない。地方幹部の汚職を見逃すことは国家の危機を招くことになる。

そういう状態から国を近代化させることが、習近平に課せられた使命である。

単なる権力欲だけの人物には、このようにリスクの大きい、苦難の道を選択・実行できるはずはないと私は考える。

三権の掌握を支えるにも国内経済の成長が必要

習近平にとっては、三権の掌握と長老支配の終焉は、中国の近代化を実現するロードマップのスタートラインだった。

賛否はあろうとも、現下の中国で習近平が権力を握っていることは間違いない。党中央のメンバーのうち、習近平派でない人間を数えるほうが早いくらいだ。党だけではない。軍における習近平の人気は不動だ。習近平は、今後も軍の近代化を積極的に進めるだろう。

権力基盤が安定していれば、国民の人気を得て支持を集めるために、対外的な強硬策をとる必要はない。

だが、中国はそうでもアメリカは違うかもしれない。アメリカには中国に世界一の座を奪われるという強迫観念がある。トランプ前大統領の対中強硬姿勢も、その文脈上にあり、大統領が民主党のバイデンに代わってもこの心理は変わらないようである。アメリカが懸念する中国の海洋進出も、中国の海軍力はアメリカに比べれば、いまだにずっと見劣りするにもかかわらず、何としても中国に負けられないアメリカは、最悪の場合、中国への軍事技術の流入を防ごうとする恐れもあるように思う。いわばかつての「ココム（冷戦時代の対共産圏に対する軍事技術・物資の輸出規制）」の再来である。

しかし、物や技術の流入を止めることはできても、人間の往来は止められない。人間が移動すれば知識も移動する。結果、技術も移転することになる。

技術は戦争で奪い合うものではない。競争と協調、切磋琢磨で世界が技術を共有し、共に人類の発展に貢献すべきものである。世界はそうやって発展してきた、

経済成長の原則はグローバライゼーション

中国から積極的に、外国との間に問題を起こすことは、国内が安定している現状の体制に変化がない限りないと私は見ている。

国民に支持基盤のある習近平は、あえて対外的な強攻策をとるリスクを負ってまで、国民の支持を得る必要もない。

中国経済は営業損益から経常損益の経営に向かうだろう。貿易も物の輸出による利益から、海外投資による利益へシフトする。

したがって国際的軋轢《あつれき》は、中国にとっても望むところではない。

とはいえ、まったく危機がないというわけではない。習近平には譲ることのできない、いくつかの基本政策がある。そこを脅かすような深刻な圧力があれば、一気に強硬な政策へ舵《かじ》を切る可能性はある。

だが最も重要な経済成長政策にあっては、原則は保護主義ではなく、世界共通の流れ、グローバライゼーションである。対外的な緊張を招いては成長が停滞する。最重要課題である経済成長を止めてまで、貫かなければならない政策はそう多くない。

第2章

中国はやがて民主主義連邦国家に変わる

中国は分裂も崩壊もしない。経済が発展し、生活が豊かになれば人々は権利を求めはじめる。それが道理だ。中国共産党は「ホールディング・カンパニー」となって全体を連結し成長を持続させようとするはずだ。本質を見逃すことなく中国の将来を見通そう！

もはや避けられない「民主化」への一本道

人も国も行くべきところに向かっていく。

日本人も、中国人も幸せを求めて生きている。国とは、人々を幸せにするための機関である。会社も同様だ。人々を幸せにするためには、国が豊かでなければならない。企業も社員を幸せにするには、きちんと利益を上げていかなければ不可能だ。豊かであること、利益を上げていることは目的ではなく手段なのである。

四書五経のひとつ「礼記《らいき》」の王制編には、「国に九年の蓄えなきを『不足』といい、六年の蓄えなきを『急』(危険な状態)といい、三年の蓄えなきを国その国に非ず」とある。

ここでいう蓄えとは食料のことだ。

国が貧しく、3年の分の備蓄もないようでは、ひとたび飢饉があれば国民が飢えて死んでしまう。そのような貧しい国は、もはや国ではないということである。

国を豊かにするのは、国のためではなく国民のためだ。企業が内部留保を蓄えるのも、資産価値を高めるのも、社員をはじめとするステークホルダーのためでなくてはならない。

元経営者の私がこう言うと、きれいごとだと思われるかもしれない。しかしそれが真実だ。社長ひとりの幸せを追求して、会社を儲けさせようとしても、必ずどこかで破綻する。結局、会社が儲かるためには、まず社員が幸せでなければならないのだ。会社とは、最大の資産である社員が第一であり「人財」という資産の運用が鍵となる。経営とはそういうものである。

利他に目覚めはじめた中国人経営者たち

いま中国の経営者に、日本の経営者が書いたビジネス書が人気だという。なかでも人気なのがパナソニックの創業者である松下幸之助《まつしたこうのすけ》氏や京セラ・KDDI創業者の稲盛和夫《いなもりかずお》氏の本だ。稲盛和夫氏の本は日本でも人気があるが、中国語版は200万部を超えるものもあるようだ。

講演会にも、大勢の中国人経営者が集まるという。

なぜ中国人経営者は、ドラッカーではなく日本の経営者に学ぼうとするのか。

中国の企業経営者は、中国経済が2桁成長を続けていた時代に創業した人が多い。日本でいえば、戦後の間もない頃、とにかく何かつくれば売れる時代、あるいは昭和30年代、高度経済成長の初期に会社を起こしたようなものである。

資本主義経済全体が上げ潮の発展段階の時代では、経営者の能力や経営理論の影響は少なく、勢いだけでも会社は伸びる。

中国企業もそうやって伸びてきた。しかし、2008年のリーマンショック、2015年のチャイナショックで勢いは減速、もはや勢いや景気だけを頼みとした経営では、競争に勝てない時代になったのである。

そこで成功のお手本を求めた。そのお手本のひとつが日本で成功した創業経営者、稲盛和夫氏である。稲盛氏の主張する利他の経営、徳の経営、とにかく人間として正しいことを正しいままに貫くという姿勢に、中国人経営者は強く共感しているという。

そもそもトップは高い徳で人々に親しまれ、尊敬されるべき存在という思想は中国が源流だ。孔子も孫子も、その思想で貫かれている。

こうした中国に源流のある経営の考え方に中国人が惹かれるというのは、わかるような気がする。中国源流の思想で成功した日本人経営者の考え方は、中国人にとって気持ちよく聞ける話であろう。

だが、それだけではない。利己の考えだけではうまくいかないことを中国人経営者たちは、おそらく体験的に理解しているからだ。利他の考え方に共鳴しているのは、中国人経営者の試行錯誤の結果である。迷い迷った果てに、痛みとひきかえにたどり着いたのが利他、徳、人としての正しさだ。

原理や道理に国境とイデオロギーはない

端的に言えば、企業は社員が幸せであれば儲かる。

なぜなら幸せな社員は、生き生きと働くからだ。生き生きとして働く社員は、よい仕事をする。よい仕事は顧客に高く評価される。顧客の評価が高いと信用が上がる。信用が上がると顧客が増える。顧客が増えれば会社はさらに儲かる。

会社に、こういう雰囲気やメカニズムをつくるには、経営者の倫理観が大きな要素となるはずだ。

もはや中国でも、勢いだけで経営できる時代は終わった。会社が順調に利益を上げ続けるためには、社員が力を自由に発揮し、付加価値の高い仕事をするシステムをつくり上げる必要がある。言われたことをやるだけでは、仕事の生産性も付加価値も上がらない。

社員の自由度を上げて、やりがいを喚起し、これまで以上に力を発揮して付加価値の高い仕事をしてもらいたいというのが経営者のねらいだ。

だが、そのためには経営者自身の力量を上げなければならない。いま彼ら中国人経営者は、そのことに気づきはじめたのである。

ニュートン物理学の法則に、国の違いやイデオロギーによる差はない。企業経営も同じだ。経営の原理や道理に、国境やイデオロギーの違いはないのである。

民主主義は近代化の条件

満州事変の立案・実行者である石原莞爾《いしわらかんじ》の『最終戦争論』という本がある。この中に、歩兵はやがて機械装備によって強化され、本人の自由裁量で行動するようになるという予測がある。そのほうが、ひとりの上官の命令で団体行動をするより強いのだという。

国を豊かにするには、国が国民を統制して、国の計画どおりに動かすよりも、国民の自由度を上げ、産業を起こさせたほうが有効であることは歴史の証明するところだ。特に中国は、公社の累積赤字からして一律統制の不利なことを痛いほどわかっているはずである。

国をより豊かにするには付帯条件が伴う。

それは国民に裁量と行動の自由を与え、権利の一部を譲ることだ。これを一言でいえば「民主化」である。民主化は中国が近代化を進める上での必要条件なのだ。それが、道理というものである。

中国が発展し続けていくためには、民主化は避けられない。それは習近平もよくわかっているはずだ。といって共産党独裁を放棄することはできない。しかし、現状の体制を変えないままで、中国が順調に発展するとは考えていないはずである。

中国が密かに目指している民主主義は、アメリカやヨーロッパ、日本の民主主義とは異なる。だが、国民の権利や自由を抑えつけたままでは、やがて国が立ち行かなくなることを、習近平は感じているはずだ。

国民に活力を与えつつ、共産党の前衛力を守るという、難しい手綱さばきを習近平は当面、やり続けなければならないのだ。

ベストではないがベターである民主主義

政治家小沢一郎氏が、日本の政治家およびその関係者百数十人を連れて中国に行き胡錦濤主席（当時）に会ったときのことだ。

人民大会堂で記念写真を撮ったあと、胡錦濤に向かって小沢氏は、随行した日本人全員と握手するよう求めたそうだ。胡錦濤は百数十人と握手するのかと、気が進まない様子だったが、小沢氏は「これが民主主義というものだ」と全員と握手させたという。

民主主義とは手間と時間を要する制度である。

中国のようにトップが決めたら、それで組織が動き出すという一党独裁の国では、手間は要らない。しかし民主主義の国では、いちいち全員の意見を聞いて回るという手間と時間がかかる。

百数十人と握手する手間と時間こそ、民主主義だと言った小沢氏の言葉は、胡錦濤にどう響いたのであろうか。

内村鑑三《うちむらかんぞう》が書いた『代表的日本人』の中に次のような文章がある。

「『進歩した機構』は、盗人を縛る役にこそたて、聖人の助けにはならない。余輩は、代議政治の制度は、一種の進歩した警察であると考えている。詐欺師と悪党は、それによって十分抑えられる。しかしいかに大群の警察も、ひとりの聖人または英雄の代用をなすことはできないのである」

進歩した機構とは民主制度のことだ。

中国の歴代指導者たちが読めば、わが意を得たりと思うかもしれない。

内村鑑三は民主主義のことを「はなはだ悪くもなく、はなはだ善くもないということが、この制度について言われなければならない」と評した。

選挙は、非道な人間を排除することには有効だが、優れたひとりを選び出すことには不向きな制度だという。

アメリカや日本の民主主義制度が、非の打ち所のない完璧な政治制度と考えている人は少ないだろう。

世界の何千年という歴史上でも、いまでも、ベストと言える政治制度はあり得ない。いつの時代も、どの国でも、ベストではなくベターな政治制度で動いているのではないだろうか。

14億人の国の民主主義

中国は、あの広大な国を33の行政区で統治している。しかも隣接した行政区では、かなりの経済格差がある。日本でも大都市と地方都市では経済格差はあるが、中国の格差は日本の格差とは比べものにならない。

隣接している省でも格差が大きくては、合併・統合、共同事業・政策は難しい。日本でも地方へ行くと、ある町に入るとそれまでは狭い道路を走っていたのに、突然、整備された広い道路となることがある。

そして、その町を抜けると再び片側一車線の狭い道路に戻ってしまう。道路や河川はつながっていなければ意味がない。

道路をつなぐとなると、国道であれば一貫した工事ができるが、自治体同士で道路をつなぐとお互いの財政事情がそこに反映することになる。隣接した省に極端な経済格差があれば、共同して何かを行おうとしてもできないことがあるのだ。

こうした状況が、14億人の国民と33の行政区では起こるのである。

アメリカが大きいといっても、人口は３億人程度である。ＥＵは５億人といっても緩やかな連合体で一国ではない。

だから中国政府の幹部は、私に「14億人の国民は、日本やアメリカと同じような形での多数決による民主主義では統治できない。この巨大な国を、産業振興や雇用、富の再分配から環境問題まで、すべての面にわたって多数決の民主主義で統治することができると思うか」と言ったのだ。

人口14億人、92％の漢民族と55を数える少数民族を抱え、日本の25倍以上の国土を持っている中国で、どうすれば自由と民主主義を実現できるのか、中国は歴史上なかった壮大な社会実験をやっていることになる。

アメリカや日本の例は、参考書とはなっても教科書にはならないというのは、こういうことなのである。全人代（全国人民代表大会）に所属する代表議員は３０００人いる。３０００人の議員が、日本やアメリカのように審議していくことを想像してもらいたい。

全員が議論して多数決で決めることなど、とうてい不可能だ。どこかで、民主的な手続きを省略しなければ、とんでもない時間がかかり現実的ではない。「現状では共産党独裁がベターな政治制度ではないか。批判は簡単だ。さらにベターな制度があれば教えてほしい」という中国政府幹部の発言には相応の説得力があると私は考える。

舵取りが難しい中国の将来

これまでは、共産党の一党独裁でやるしかなかったという意見には、私も賛同せざるを得ない。ただし、いまのところはという条件付きの賛同だ。今後、中国がさらに成長・発展するためには、いずれ段階を踏んだ民主化に舵を切らざるを得ないだろう。

だが、それも短時間では簡単ではない。

日本の25倍の国土と11倍の人口を民主制で運営するには、現状のままでは不可能である。まず3000人の国会議員は多すぎる。

国会議員というのは国民各層の代表である。地域代表、業界代表、中国では民族の代表もいる。代表のカテゴリーを絞れば議員の数を減らすことはできるが、カテゴリーを絞ることには、その絞り込み方等を含め必ず抵抗が生じる。

たとえば、ひとつの町や村からひとりの代表者を国会へ送り出していたとするなら、町や村を統合してひとりの代表にする必要がある。

私は中国が民主化を目指すには、省を統合して全土を6つくらいの地域小国型に分けたほうがよいと考えているが、貧乏な省同士を一緒にしても発展はあり得ないし、かといって格差が大きいところを一緒にすることもできない。

東ドイツと西ドイツは１９９０年に統一されたが、両地域の人々の格差は、30年以上経たいまも是正されるには至っておらず、とりわけ地域住民の意識格差解消の難しさを証明している。

習近平は国家主席になったとき、中国にいる約８０００万人の貧困層を全部救い上げると約束した。

貧困層の救済とは、富裕層から貧困層への富の再分配である。富の再分配を最も効率よくやるのは、いったん税金を中央で吸い上げ、それを貧富の差に応じ、貧しいところに厚く配分していくことだ。

約８０００万人というと、南北朝鮮を合わせたくらいの人口である。

お互いの利害がはっきり表れる多数決で、朝鮮半島の人口に匹敵する数の貧困層に救いの手が差し伸べられるのか。中国の民主化への道は、我々、先進資本主義国の国民が考えるほど平坦ではない。

中国共産党はホールディング・カンパニー

日本人の多くは、中国はよくわからない国だと思っている。

日本と中国では、国のシステムが違うことが、わからなさの根本にある。しかし、見方を変えてみると中国のシステムは、日本でもなじみのあるシステムに近いと私は考えている。日本でもなじみのあるシステムとは、持ち株会社のシステムだ。

中国は、まだ民主主義的システムでの国の運営はできていない。

したがって国民に投票権はない。投票権を持っているのは共産党員である。国は党員から選ばれた党中央委員約２００人と選抜された25人の中央政治局委員とそのうちの7人の常務委員によって動いている。こうした統治機構の構造は、株主と取締役会、代表取締役社長と似ている。

つまり、いささか乱暴なたとえであるが、共産党は中国のホールディングで、習近平は中国のＨＤ・ＣＥＯといえる。株主は共産党員ということである。

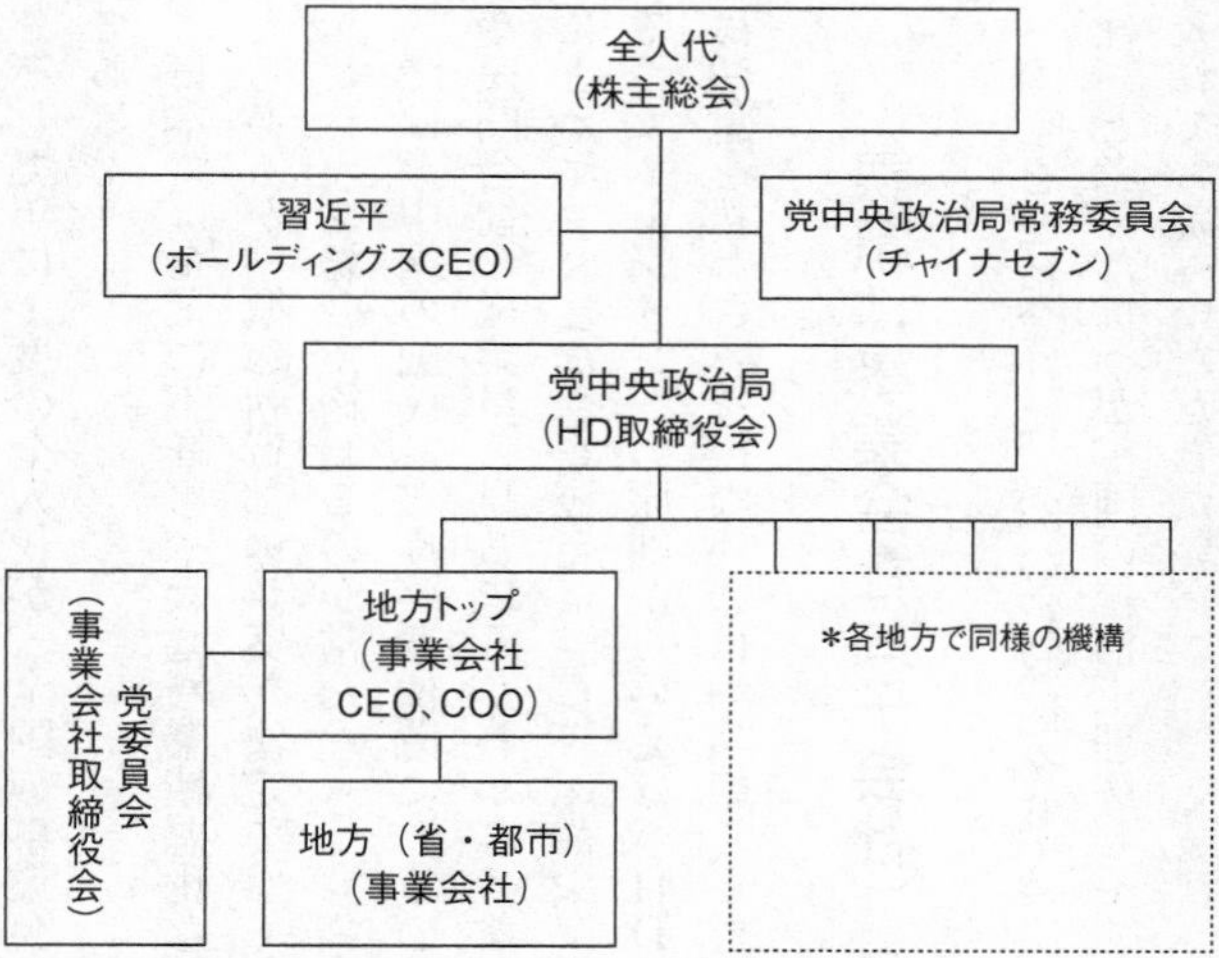

図1　中国のHD組織イメージ

権力構造として見た場合、株式会社で経営者にあたるＣＥＯが、中国共産党中央委員会総書記、国家主席、中央軍事委員会主席の三権を掌握している習近平、取締役会に相当するのが、中国共産党中央委員会総会で、重役たちが党の最高指導部である中央政治局委員と常務委員ということになる。

その下の、中国各地の省や大都市など地方委員会の書記が、株式会社でいうところの事業会社（子会社）のＣＥＯでありＣＯＯである。したがって地方グループは各事業会社（子会社）ということになる。

そして年に1度の全人代が、全国の事業会社（子会社）の代表が参加する株主総会である。

日本では企業に不祥事や大幅な業績悪化などがあると、株主総会が大荒れとなることもあるが、概ね執行部の議案が決定でなく承認されて終わる。中国でも全人代はシャンシャン総会で終わるのが常だ。

では、中国の国民はどういう位置にあるのかというと、事業会社（子会社）の社員や民間会社の従業員と見るほうがわかりやすいように思える。しかし、近代的な企業にとってＥＳ（従業員満足度）は、企業力を決定する最も重要な要因のひとつである。マネージメントの原則からいえば、ＨＤ・ＣＥＯである習近平が、国民の満足度に注意を払わざるを得ないのは当然のことだ。

課題は事業会社（子会社）の改革

国家を連結会社に、33の行政区を6～7グループに大ぐくりして事業会社（子会社）と考えたほうが、国の統治上理解しやすいから、ＨＤにたとえていることを頭に入れてお読みいただきたい。

HD・CEOである習近平の課題は事業会社の改革である。

日本でも、事業会社が一律に業績を上げているというところは少ない。非常に好業績の事業会社もあれば、すでに役割を終えグループ全体の業績に貢献していない会社もある。中国の場合、現状を大ぐくりしてもこの赤字の事業会社の子会社の数も多いはずで、その負債が膨らんでいる状況だ。

HD・CEOの習近平にしてみれば、思い切った改革を断行して一気に事業会社を整理して負債を処理したいところだが、旧取締役会には赤字の事業会社の経営に関与して、何らかの便宜供与を受けている者もいた。

赤字会社を強引に整理しようとすれば、強い反発を受けることは必至で、無理をすればCEOといえども取締役会で解任の動議を出されてしまう恐れがある。CEO1期目は慎重運転を余儀なくされた。

しかし習近平は、それでも「反腐敗運動」を展開し、事業会社やその子会社の改革に乗り出し一定の成果を上げ、従業員（国民）からも支持を得る格好となった。

そして2期目に入ると、取締役会のメンバーを一新、CEOの任期も延長し本格的に事業会社の改革に取り組みはじめた。

ここでいう事業会社は中国の大型地方都市や省だが、実際に赤字をつくっているのはその地域にある子会社（国有企業）である。中国の全資産の40％は国有企業が持っている。その製造業中心の国有企業が負債を膨らませている状況は中国にとって深刻だ。

いわゆる民間企業は、赤字になればさっさと退場させられるが、国有企業は赤字になっても融資を受けて生き延びている。いわゆる「ゾンビ企業」である。

国有企業の経営者が赤字の責任を取らないのは、共産党の仲間が多い役人への賄賂が効いているからだ。役人は賄賂をもらうことで国有企業に便宜を図り、銀行に国有企業への無理な融資をさせ、さらに負債を膨らませている。

三権を掌握し、一強体制を築いた2期目の習近平ＨＤ・ＣＥＯのやることは、国有企業の整理統合と国有企業に近代的な経営を持ち込むことだ。そのためには、適正な調査による正確な統計資料の作成や資本主義の会計制度等、細かな部分も整備することが必要となる。いわば正直に帳簿をつけて、正確な会計手法で適切な財務諸表をつくることから始めなければいけない。習近平が3期目も続投するのであれば、これらの仕上げに入るということになろう。

中華人民合衆国が誕生する日

繰り返すが私は、国が発展し、国民が豊かになれば、社会は自然と民主化の方向に進んでいくと考えている。

それは歴史の示すところだ。

国民は豊かになれば、自ずと権利意識に目覚め、実は国の主は自分たちではないかと気づきはじめる。いったん権利に目覚めた14億人の民を、抑え込むことはいかなる権力をもってしても不可能である。

しかし、前述したとおり現状のままでは、中国の民主化は物理的にも困難だ。

私は以前から述べているように、中国は連邦制の民主国家に移行していくしかないと思っている。「ユナイテッド・ステイツ・オブ・ピープルズチャイナ＝中華人民合衆国」が妥当な民主中国の形であろう。USAならぬUSCが「民主中国」の落ち着く先だ。

6つのステイツ（州）と中央政府で国をまとめ、運営していくのである。

USCは会社でたとえれば、共産党をホールディング・カンパニーとして、その下

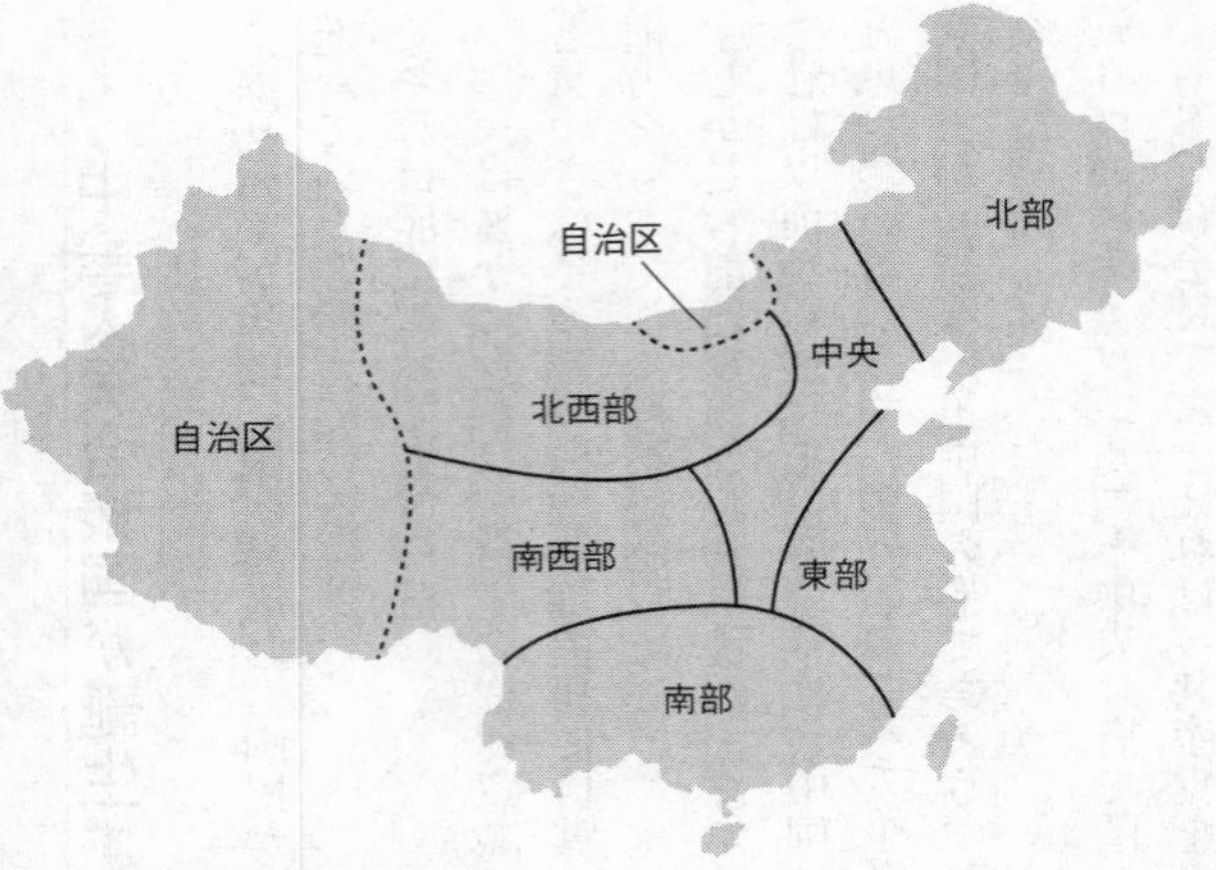

図2　６つの州に分けたイメージ

に事業会社である６つの州がある。HDのトップであるCEOは連結本社の社長である。取締役会は党中央委員会総会、その下に６つの州の首長をCOOとして配置する。

６つの州は事業会社であるから、州の首長は実行部隊のCEOでもある。

連結会社のHD・CEOの習近平は、大本となる国全体の目標と政策を決めて、各事業会社のCEOに下ろす。事業会社のCEOは、国の目標と政策の実現に向かって、事業会社の責任を果たすべく実行計画を立て、現場の指揮を執る。

事業会社のCEOが現場の指揮を執るには、習近平の権限は委譲されなければならない。

HD・CEOに権力を集中して、国全体を動かす現状のメカニズム構造は、この段階ではもはや過去のものとなる。

HD・CEOの政策の評価や行動のチェックは、HDの取締役会が行い、HD監査機構を設け、政策実行が適正に行われているか、不正がないか、取締役を常時監視し、必要に応じて警告・指導する体制をつくっていくことになるだろう。

少数民族は自治か統合か

ただし、USCがホールディング・カンパニーの形をとるにしても、数十年先のことである。おそらく習近平がHD・CEOの椅子に座ることはないだろう。USCの実現は習近平の次の次、あるいはその次の次の主席の代になるかもしれない。

中華人民共和国成立100年が、そのタイミングではないかと私は考えている。

それまでに解決しなければならない課題は山積している。経済問題はもとよりのことだが、6つの州で自治を行うとき、チベット族、ウイグル族など少数民族をどうするかという問題もある。少数民族の反政府・分離独立運動は依然として続いており、これに対して中国はアメとムチを基本としながら中華民族統一国家政策をとっている。

国内に抱える民族対立、少数民族の分離独立運動は、中国に限ったことではないが、これも中国の民主化にとって悩ましい問題だ。民族の宥和は時間がかかる。世代を3つくらい経ないと解決しない問題だ。その点でも建国100年が民主化の節目ではないか。

ペンは剣よりも強いがパンはペンよりも強い

アダム・スミスといえば『国富論』を連想するが、スミス自身は『国富論』より十数年前に発表した『道徳感情論』のほうに、思い入れが強かったといわれる。

『道徳感情論』では、人よりもよい物を持ちたい、よい暮らしをしたいという「虚栄」の心が、経済成長の原動力になり得るというくだりがあったように思う。

ただし、その虚栄心は無制限に拡大されるものではなく、人間には同情や歓喜に共感するといった倫理的な感情（同感の原理）があり、そうした感情が自ずと経済の秩序をもたらすというのがアダム・スミスの本質的な思想ではないだろうか。

市場原理の提唱者という位置づけは、必ずしもアダム・スミスの本意ではないはずだ。

我々が経済成長を求めるのは、それが「万人の幸福」のための手段だからである。

経済が成長すれば、鄧小平が言ったように「一部の者が先に豊かになる」（いわゆる

「先富論」）だけでなく、社会の下層にいる弱い立場の人びとの生活レベルも押し上げることができる。

鄧小平が、アダム・スミスを読んでいたかはわからないが、歴史的にも面子《メンツ》、体面を重んじる中国人であるゆえに、彼の政策にはどこか『道徳感情論』から学んだ気配がある。

鄧小平の改革開放政策によって、中国経済は大きく成長した。

今日、中国人民でも食うや食わずの生活を強いられる人は、皆無ではないかもしれないが、中国全土を見渡しても極めて少ないであろう。'70年代から比べれば、生活水準は地方によって格差はあるとはいえ、格段に上がっている。

そこからさらに経済を発展成長させるには、人びとの「虚栄心」を刺激することも必要となる。他者よりもよい物を持ち、他者よりもよい暮らしをしたい。他者の水準が上がれば、自分の水準をさらに上げなくてはならない。

食べることに心配がなくなった人びとを動かすには、そういう豊かさの競争がないと成長のエネルギーを保つことは困難だ。

人びとの「虚栄心」は、やがて他国よりも経済的に豊かな国、他国よりも軍事的に強い国を目指しはじめるかもしれない。

そこにアダム・スミスの言う道徳的な「同感の原理」が働くかどうかは、まだわからない。

パン＞ペン＞剣の法則

ペンは剣よりも強しというが、ペンよりも強いのがパンだ。人間は、言論の自由や権利を拡大することより、まず食べることを優先する。「衣食足りて礼節を知る」である。食べることを保障してくれれば、統治者は共産党でも国民党でもよい。共産党は人民を飢えから救うといって登場した。

統治者の第一の役割は、国民を飢えさせないことにある。生活を保障する政府を国民は支持する。

逆に食べること、すなわちパンを与えない為政者は、いかに剣を持って抑えようとしても国民の不満は募り、最後には追放される。それが歴史の示すところである。

人間の欲求は、段階を追って上っていくというのが、アブラハム・マズローの「欲求5段階説」だ。

人の欲求は第1段階から第5段階へと上って行くという説である。

欲求5段階の第1段階は生理的欲求で、食べる、眠るなど本能的な生存欲求で、第1段階が満たされると第2段階は安全の欲求、すなわち安全で安定した生活を求める。

人が次に求めはじめるのが第3段階の社会的欲求で、集団に帰属することを求める。次が第4段階の承認の欲求で、他者から尊重されたい、認められたいと思うようになることで、その上の第5段階が自己実現の欲求とされている。

中国の過去から現代までをこの「欲求5段階説」にあてはめていえば、毛沢東が農村を巡り、共産党が農民を飢えから救うと説得していた時代が第1段階、第2段階に相当する。人々はパンを求めて毛沢東についたのであって、必ずしも思想的に共感したわけではない。

中国共産党が、人民の生存のための「生理的欲求」と「安全欲求」を満たすまでには長い時間がかかった。

きちんと安定して食べていけるだけの産業を育て、すべての階層に経済的な恩恵を施せるまでには、建国から半世紀以上を要したことになる。

中国はいま第3段階の「社会的欲求」の段階にあると見られる。

「社会的欲求」とは、組織に属したいという欲求ともいわれるが、所属する組織や社会に対する誇りを持ちたい、所属する組織や社会を愛したいという欲求でもある。祖国に誇りを持つ、祖国を愛するという愛国心も「社会的欲求」の表れである。

習近平の「中国の夢」、「一帯一路」や「中華民族の偉大な復興」は、国民の社会的欲求に応えるための政策かもしれない。

もし、習近平が国民の欲求を承知しているのであれば、当然、国民がやがて「承認欲求」を訴えはじめることも承知しているはずだ。

国民の承認欲求とは、いうまでもなく民主化であり、権利拡大の主張である。国民はパンを求めて共産党の統治を受け入れてきたが、パンを確保したことによって「ペン(自由と権利)」の要求をはじめることになるのだ。

豊かさへの欲求は依然として高い

ペンを剣で永遠に抑え続けることはできない。

いまは、まだ中国で承認欲求を主張する人は少ない。しかし、日を追って増えていくことは間違いない。これも歴史の必然である。逃れることはできない。

だが、いまのところ中国がまだペンを求めて大きく動き出す段階とは見えない。

社会は、いまだに第2段階の「安全欲求」から第3段階の「社会的欲求」へ進みつつある状態だからだ。したがって、豊かさへの欲求は依然として強い。それが中国の経済成長のエネルギー源にもなっている。

国民が豊かさを求め、習近平の政策がそれに応えているうちは、国民にとってペンの存在はそれほど重要なものとはならない。

しかし経済成長率が鈍り、国民の豊かさへの欲求に応えられなくなったときには、人びとはパンを保障する新たな為政者、統治者を求めて行動する可能性がある。

一度、「生理的欲求」「安全欲求」を満たされた人は、それがわずかでも欠ければ強い飢餓感と不安感を覚えるものだ。

それでも中国は民主化に向かう

アメリカ人は中国の人権問題を常にやり玉にあげる。日本でもウイグル族の同化政策を人権問題として問題視し、何度も報道で取り上げている。少数民族の抑圧やチベット問題を中国の悪行だと指弾する動きは以前からある。

強者による弱者の抑圧は許されるものではなく、改められるべきに議論の余地はない。

香港の民主化運動のように、市民が民主化を求める動きにも、中国当局は強硬に圧力を加えている。

香港の行政トップは一応、市民の投票で選ばれることになっているが、中国政府が指名した人物の中から選ばれる等制約が多いため、真の民主主義ではないと市民がデモを行ったものの、法改正によってデモのリーダーは国家転覆を謀る者とされ逮捕、収監された。

中国の民主化は遠いように見える。

我々日本人やアメリカ人は、簡単に民主化、民主化というが、現実に中国で民主化を実現するのは、簡単なことではない。

もし急激に民主化を導入すれば、分裂はしないまでも、地域ごとに利害が対立し中国は大混乱に陥るだろう。

中国はいわばやっと自力で立つところまできた状態である。

やっと立てた人に、立ったのだからすぐに走れと言っても走れるはずはない。走る前に歩けるようになることが肝心だ。まだ十分に歩ける状態でないにもかかわらず、無理に走らせれば必ず転んでケガをする。

改革は性急にやれば失敗する

私も中国はいずれ民主化するものと考えているが、それは数十年先のことで、それまでに乗り越えなければならない山が中国にはいくつもある。その事実は、中国の指導者たちが一番わかっているはずだ。

改革は性急すぎれば、人は付いていけない。

といって先送りすれば、結局誰も何もしないままとなってしまう。

だが始めたからといって、何もしなくても改革は前進すると思うのは間違いだ。

一度始めた改革は、手を緩めれば必ず後退する。「改革に始めはあっても終わりはない」のは古今東西共通の真理だ。

改革を始めた以上は、常に改革が前に進むように督励が必要となる。また、停滞しても後戻りはしないように、くさびを打ち込むことも忘れてはならない。改革を始めたら気を抜くことは許されないのだ。

急ぎすぎず、停滞もせず、後戻りもさせない。政治も経済も生き物である。性急に変えようとすれば、必ず副作用を起こす。

改革といえども漸進的でなければ成功しない。改革をできるだけダメージ少なく成功させるには、急がず、焦らず、怠らずが大事なのである。

習近平は、それができる人物だと私は考えている。

反対に性急すぎて失敗したのが、かつて重慶市のトップだった薄煕来《ポーシーライ》だ。私は薄煕来を大連市長時代から知っている。

重慶書記になってからも2回会っている。習近平と薄煕来は、いずれも党幹部の子息で若い頃に苦労をしたという生い立ちの持ち主だが、性格面では対照的だったように思える。

薄熙来の失敗は性急すぎたことだ。

民主化というのは国が発展し、国民が豊かになれば必然的に求められる制度である。だが、改革が漸進的に進むように人々の権利意識も漸新的に目覚めるものだ。いまの組織を徐々に、しかし確実に改革することが中国の民主化の道のりである。

中国は民主化しても分裂しない

日本では、何年か前まで中国は分裂し、混乱するという観測が一部にあった。中国分裂説と北朝鮮崩壊説が、まことしやかに主張されていた時期もある。だが、今日に至るも中国は分裂していないし、北朝鮮も崩壊していない。

もちろん中国が内部に問題を抱えていることは事実なので、何かのきっかけで混乱が起きる可能性が全くないわけではない。

しかし、内部に抱えている問題の大きさは、他の国々の内政問題と比べて著しいということではない。

中国だけに分裂の危機があるかのような主張は、もともとあまり説得力を持った話ではないように思う。

中国が分裂するという説の根拠には、沿岸部と内陸部の経済発展の不均衡、都市部と農村部の経済格差、少数民族の独立運動などが挙げられていた。こうした問題は、いまでも完全に解消しておらず、中国指導部の頭を悩ませている。

だからといって中国に分裂の気配は見えない。

中国分裂説は、特に誰がそう言っているということではなく、何となくみんながそんな風に思っているのではないか。あるいは、そうなってほしいと思っている人もいるのであろう。みんなで渡れば安心だという「空気」がこの説の実態であろう。

古代を除けば中国の歴史は統一王朝の歴史である。

分裂していた時代は、その間の混乱時代であり、中国はひとつというのが中国人の歴史観だ。

中国人にとっては、太陽がひとつであるように国はひとつであり、統治者はひとりなのである。

日本人がそうであるように、「長い歴史の間、我が国はひとつ」と国民が信じている国は、そう簡単には分裂しない。

中国は３０００年を超える国だ。

中国人にとって中国は盤古《ばんこ》の天地開闢《てんちかいびゃく》（世界の始まり）以来、今日に至るまでずっと中国なのである。

歴代の王朝や政権は、中国という器の中でときおり変わる色合いのようなものだ。中味の色がどう変わろうとも、中国が中華民族統一国家という目標の光と歴史を保っていることは不変である。

抗日でひとつになった中国

20世紀になってから、中国が一時的に分裂したように見える時期がある。それは日本が満州国を建国した時期だ。結局、満州国は欧米各国、国際連盟に承認されなかったので、建国といえるか否かはわからないものの、この時期の中国は、各地の軍閥が勝手に「自治」を行っていたので、政治的には分裂状態だったといえる。

毛沢東率いる共産党も、その勢力のうちのひとつである。

中華民国政府である国民党の治政が不安定なのを突いて、群雄割拠状態であった中国だが、日本が満州国をつくるに至って中国はひとつになる。対立していた国民党と共産党は、抗日で共同して行動することとなった。国共合作である。

敵の敵は味方というパワーバランスの鉄則はここでも出現した。

結局、蔣介石と毛沢東は中国人同士の国共合作を選んだ。中国人にとって、国内の権力闘争がいくら激しくとも、国を分けるような選択はあり得ない。もし、民主化で各地域の人々が権利を主張し、対立が激化することはあっても、中国人は国を分ける事態になるまで対立を深める国民ではない。

中国の目標の光は、あくまでも中華民族統一国家であることを忘れてはいけない。習近平は、その点をよくわかっているはずだ。それが彼の「中国の夢」である。

習近平にとって本当の危機感は、中国が分裂することではない。共産党が権力の座から追われる事態となることである。

中国人にとって中国は不動だが、統治者はいくらでも代わってもよい存在だ。中国人の深層にある潜在的な「易姓革命《えきせいかくめい》」の思想は消えることがないだろう。

易姓とは姓が易《か》わるということである。

会社にたとえれば、会社は変わらないが、社長の名前はときどき変わる。代わった社長がよい社長であれば、社員も取引先も問題ないが、あまりよくない社長がトップの座に就くようなら、別の名前の社長にすげかえてもよいというのが易姓革命の思想だ。

社長の名前とは中国の王朝名であり、国民党、共産党という権力の名称のことである。

中国が共産党の一党独裁であるといっても、けっして不動の地位を得たということにはならない。

中国国民は統治者を不適と判断すれば、躊躇《ちゅうちょ》なく交代を迫る。王朝や政権は統治者であっても、王朝や権力がイコール中国とはならないのである。

開かれた民主国家への道

国民の基本的人権を抑圧する国家は、長い目でみれば必ず衰退していく。恐怖政治では国が持たないことは歴史が証明している。企業も同じだ。社員を大事にしない企業は間違いなく衰退する。

国民が貧しく、世界の情報から隔離されているような国は、独裁体制には好都合だが、国民は貧しいままとなる。国民に長く貧しさを強いれば、独裁者といえども政権は保てない。

国を豊かにするには、海外との貿易が必要だ。

だが、海外と交流すれば、国民は自分たちの生活が国際的にひどく劣っていることを知る。独裁政権はそこから安定を失う。

中国はすでに世界に対して開かれた国だ。

もはや引き返すことのできない道である。優秀な人材を海外に流出させないためには、単に処遇を厚くするだけではなく、やがて個人の自由と権利を認めなければならなくなる。民主化は中国の未来にとって必須である。

様々な社会的要求によって、中国は徐々に新しい方向へ変わっていかざるを得ないのだ。

第3章

脅威論にとらわれては中国の真意を見誤る

急成長する中国を脅威と捉える日本人は多い。習近平は「中国の夢」を内外に公表している。一方で、中国は一貫して覇権は求めていないとも発言している。中国の真意はどこにあるのか。我々は徒《いたずら》に脅威に惑わされることなく、中国の世界戦略を読み解かなくてはならない。

習近平は本気で覇権を求めているのか

中国に対する日本人の不安の源は、中国がアジアで覇権を求めているのではないかという不信感にある。

中国が南沙《なんさ》諸島に拠点をつくっているのも、海洋進出によって東南アジアの半島国家、インド太平洋の島嶼国家に対する覇権をねらっているからだという主張をよく聞く。

中国が覇権を求めて海洋進出すれば、必ずアメリカと衝突する。世界は再び大国の戦争という深刻で、破滅的な事態に陥ることになるというのが、中国の脅威が語られる上でのひとつのストーリーである。

尖閣の問題も、その文脈で衝突と紛争の脅威が語られることは多い。

では、中国は何のために覇権を求めるのか。日本の25倍の大陸以上に支配する地域を広げることに、どれだけの利益があるのだろうか。

戦争は、かつて他国の領土・領民を奪うという目的で行われた。日本の戦国時代のような戦争である。農業が基幹産業であった時代では、耕作地の面積が広がればそれだけ国力が上がった。

だが現代では、農地獲得のための戦争は世界中を見渡しても見当たらない。ロシアのウクライナ侵攻のような領土を巡っての戦いはあるものの、軍事戦略上の拠点地域を取っても、それでGDPが増えることはあまりない。むしろ逆に、復興や社会の安定のために負担の増えることが多い。

戦争には、権益の獲得という目的もある。

自国に隣接する地域であれ、離れた土地であれ、そこに支配体制を敷くことができれば、その地から得られる利益を手中に収められる。

安全保障上、押さえておきたい地域であれば、土地から得られる経済的な利益はなくとも支配することには意味がある。

領土拡大は採算が合わない

覇権を求めて行動すれば、力対力の衝突は避けがたい。

つまり、領土や権益の拡大を目的とする戦争は、「戦争をしてでも手に入れるだけの価値」があってはじめて意味を持つ。

ところが戦争に勝って領土を増やした国、支配地を広げた国で、経済的に成功した例は、実は極めて少ない。

第2次大戦の戦勝国であるフランスは、戦後に植民地であるインドシナやアルジェリアで起きた植民地の独立運動を押さえ込もうとして、歳出の4割を植民地の戦費に投じるはめに陥り財政を悪化させた。

結局、フランスは植民地を手放すことによってでしか、財政問題を解決できなかった。

ド・ゴール大統領は、フランス国内の反対派軍人や極右組織から何度も命をねらわれながらアルジェリアを放棄したのである。アルジェリアの切り離しに成功したことによって、フランスは国力を回復することになる。

イギリスは、戦後インドなど植民地を放棄することにしたが、あまりに多くの植民地を持っていたがために、その後始末に大変な出費を強いられた。

領土や支配地を拡大することは、かならずしも経済的な豊かさを保証しない。戦前の日本の満州進出と満州国経営は、結局、最後まで黒字になることはなかった。

むしろ日本は満州、台湾、朝鮮など植民地や海外の権益を失ってから、奇跡的な経済回復を見た。

同じ敗戦国であるドイツも、すべての海外権益を失い、自国も東西に分断されてから、西ドイツはヨーロッパの戦勝国をしのぎ、1961年にヨーロッパで第1位、世界で第2位の経済大国にのし上がった。

つまり、敗戦で領土を失った日本、ドイツのほうが、領土・権益を保全した戦勝国イギリス、フランスよりも経済的に大きく成長したのである。

日本とドイツの例を見ると、植民地はいわば企業の不良資産といえる。

日本とドイツは、不良資産をオフバランスした結果、身軽になってV字回復した。かたやイギリス、フランスは勝ち組だったことが仇となり、不良資産を抱えたまま、にっちもさっちもいかず苦しんでいたようなものである。

権益よりも人益

すべてを自国の支配圏内でまかなうことは、安全保障上、有利なように見えるが、大英帝国全盛時のパックス・ブリタニカにせよ、第2次大戦後のパックス・アメリカーナにせよ、自国が豊かになったかというと逆だ。

戦前イギリスは世界中の植民地の経営で国際収支は常に赤字だった。戦後のアメリカも輸入ばかりが膨らみ国内産業は弱体化した。

世界各国の歴史をていねいに勉強している中国の幹部が、この事実を知らないはずはない。また、国内にチベットや少数民族問題を現実に抱えている中国が、覇権拡大などというさらに面倒な事態を国外で抱え込むようなことはしないはずだ。

仮に「パックス・シニカ」を考えたとしても経済的、政治的覇権以外の意図である。

戦前、日本の満州経営に終始反対の立場を貫いていた石橋湛山《いしばしたんざん》（戦後第55代内閣総理大臣）は次のように語った。

「資本は牡丹餅《ぼたもち》で、土地は重箱だ。入れる牡丹餅がなくて、重箱だけを集むるは愚であろう。牡丹餅さえ沢山《たくさん》出来れば、重箱は、隣家から、喜んで貸してくれよう。しかしてその資本を豊富にする道は、ただ平和主義により、国民の全力を学問技術の研究と産業の進歩とに注ぐにある」

会社の力が社員の力の総和であるように、国力とは国民の力だ。最大の資産である人材だ。

第2次大戦後、東ドイツから西ドイツに流れ込んできた850万人の難民の中には、教育水準の高い熟練工が多く含まれていた。

西ドイツはこの質の高い熟練工のおかげで奇跡的な復興、経済発展を遂げることができたのである。

土地は借りればよいし、資源は買ってくればよい。しかし、質の高い国民は買ってくることも、戦争で獲得することもできない。質の高い国民は、自国で育てるしかないのだ。

その上でやるべきことは、多国間の相互発展である。

米中の潜在的な危機

習近平に、アメリカと武力衝突する危険を冒してまで、覇権を広げる意図があるようには思えない。

しかし、それがアメリカ人に理解されるかとなると話は別だ。覇権争いの歴史の中で生きてきた彼らアメリカ人やヨーロッパ人の目には、中国の行動は覇権を求めているようにしか映らないだろう。

アメリカ、ヨーロッパの人々に、中国人の本音を理解する自信はない。

中国を理解できない彼らは、中国の対外的な行動を覇権思想と結び付けて考える。戦争は双方が望まなくても、突発的な事態から起きたり拡大したりするものだ。

そこに危機がある。

だが中国の対外的な戦略は、習近平2期目は国内権力の安定化とともに、アメリカ、ヨーロッパの敵視政策があっても、なおしばらく穏健な方向で動いていた。

それでも基本的な方針が変わることはないので一帯一路は進むし、海洋進出も中断することはない。

だからリスクは減少しても、依然として存在する。そしてアメリカは中国の海洋進出の脅威に対し、台湾カードを切ってきた。

米中戦争は本当に起きるのか

アメリカと中国は、常に対立関係にあると見るのが日本人の一般的な傾向だ。

しかし、よくよく歴史を見るとアメリカと中国は、対立していた時期よりも事実上協調関係にあった時期のほうが長い。

戦後に誕生した東西陣営（ソ連を中心とする社会主義国陣営とアメリカを中心とする資本主義国陣営）の対立は、1991年のソ連の崩壊まで続いた。

外見上は資本主義と社会主義というイデオロギーの対立であったが、一方、中国とソ連が共に社会主義国として友好関係にあった期間は短い。

1960年代初頭には、両国はすでに対立関係をはらみ、1962年からは新疆《しんきょう》などで中ソの国境紛争が頻発していた。

一方、1964年10月、東京オリンピックの最中に中国が行った初の核実験に対しても、アメリカの反応は、今日の北朝鮮の核実験に対する姿勢と比べると、だいぶ緩やかであった。

中国はその4年後、1968年にアメリカ主導でつくられた「核不拡散条約」に調印し、この段階で世界の「核クラブ」の一員と認められている。

この手厚い待遇は、アメリカの後押しがあったからだ。

アメリカにとって、ソ連と対立している中国は敵の敵ということになる。したがって中国の核は、戦略上アメリカにとって有利と見たのだ。つまり中国の核は、第一義的にはソ連に向かっているものであって、アメリカに対する脅威は小さいと考えたのである。

アメリカの厚遇に対し、中国も報いようとしている。

ベトナム戦争では、当初、中国は北ベトナムを支援したので、南ベトナムを支援していたアメリカと対立した。

しかし、ベトナムで苦戦していたアメリカは、中ソの関係が悪化しているのを好機と見て、中国に接近し、ニクソン大統領がキッシンジャーを派遣、中国との関係改善に成功する。

その結果、中国はアメリカの国際的な面子が立つよう、「南ベトナム政府を残したままの停戦」を唱え始めるようになった。

米中は戦争のできない関係

その後アメリカは資本主義陣営の一員として、長年パートナーだった台湾を袖にして、中国の国連加盟にも強く反対しない姿勢を示した。

’70年代末期からは、アメリカが中国に兵器や軍事技術を提供し、中国軍の近代化に協力したという経緯もある。アメリカと中国の戦略は、対ソ連という点で一致し、この時代の両国は「隠れた同盟国」だったといえる。

このときのアメリカは一切「人権問題」には触れなかった。アメリカ得意のダブルスタンダードである。こうした両国の関係はソ連が崩壊するまで続く。

ソ連という共通の敵がいなくなったアメリカは、中国の「天安門事件」を強く非難し、人権問題を俎上に載せ、両国は対立するようになった。

その背景には、ソ連なき後のアメリカ軍が、予算獲得のため中国を仮想敵国にしようと図った気配がある。アメリカ国民に中国の脅威を喧伝し、東アジアにおけるアメリカ軍のプレゼンスを高め、軍事予算を確保するねらいがあったのだ。

アメリカ国防総省は、ソ連崩壊による軍事予算縮小の動きを、中国の軍事力膨張を理由に牽制しようとしたのである。

ソ連が健在であった時代の脅威と比べれば、予算獲得の言い訳に過ぎない中国の脅威は、アメリカ軍にとってそう深刻なものではなかったはずである。

アメリカはソ連崩壊以後、軍事力では他を寄せつけない圧倒的な超軍事大国である。中国の軍事予算が毎年伸び続けているといっても、一国で世界中の軍事予算の約4割を占めるアメリカに追い付くにはまだまだ時間を要する。

アメリカは中国の海洋進出を脅威と叫んでいるが、中国の海軍力はいまだにアメリカに到底及ばないレベルである。

そもそも中国が、どこまでアメリカに匹敵する軍事力を持つ意図があるかも疑問だ。

アメリカと中国はGDPの世界第1位と2位であり、中国にとってアメリカは最大の輸出先であり、輸入先としても第3位に位置し増額を続けている。両国間の貿易額は長い目で見れば今後も拡大することはあれ、停滞・縮小することは考えられない。

アメリカと中国は、経済的に最重要のパートナーとなっている。

アメリカはトランプ前大統領の自国第一主義によって、中国のみならずヨーロッパ諸国とも貿易戦争を起こしかねないような動きをしていたものの、結局アメリカと中国のこうした経済関係が大きく変わることはなかった。

アメリカにとって中国は、世界の人口・資産の50％を占めると思われるアジア市場で、アメリカが利益を上げるためには欠くことのできない重要パートナーである。それでも、習近平もトランプもバイデンも、お互いの国内事情があり、対外的には強気なことをいわざるを得ないときがある。そこから、思わぬ衝突になる可能性がないとはいえない。

中台戦争のリアリティ

2021年、現職のトランプを破り新たに大統領となった民主党のジョー・バイデンも、中国に対してはトランプ政権を踏襲し、なお強硬姿勢を続けている。追加関税の応酬は下火になったものの、人権問題と台湾問題を材料に日本も巻き込んで中国批判を止めようとしない。2022年にはロシアのウクライナ侵攻を受けて、台湾への軍事支援まで表明したのは前述のとおりである。

中国が台湾へ攻め込む可能性については、これも序章で述べたように両国の本音からしても可能性は低いように見える。

軍事力は中国が圧倒的だが、台湾との間には海がある。

中国が台湾海峡を越えて台湾へ軍隊を運ぶには、空軍の力で艦艇を守らなければならないが、中国が台湾侵攻に現状運用できる航空戦力で中国海軍が台湾海峡を越えることはそう容易ではない。

大陸からミサイルを大量に台湾へ撃ち込んだとしても、中国軍が台湾へ上陸するには相当な苦戦が想定されている。台湾の人々が台湾有事をあまり不安視していないのは、こうした軍事的な現実をよく知っているからであろう。

中国が「台湾の祖国統一」のための戦いに、同胞である台湾へ核を使うことは考えられない。通常兵器での戦いとなれば海峡という自然の要害を持つ台湾は、なかなか手強い相手となるだろう。

日中問題は日中で

アメリカと中国は、オバマ大統領時代に「新型大国関係」で合意した。

２０１５年、習近平は訪米時に、オバマ大統領（当時）へ「衝突・対抗の回避」「核心的利益と主要な懸案の相互尊重」「ウィン・ウィンの協力」「アジア太平洋における協力やグローバルな課題に対する共同行動」の4項目を提案した。

これがアメリカと中国の「新型大国関係」の骨子である。習近平からの提案に、オバマ大統領は当初回答を渋ったが、結局、アメリカはこの提案を受け入れた。だが、当初は「新型大国関係」を継続するかに見えたトランプ政権は、貿易不均衡を理由に対中強硬策に舵を切った。

アメリカファーストはトランプ大統領だけではない。バイデン大統領もまた、口には出さなくとも、当然アメリカファーストだ。アメリカに不利となれば、友好関係もたちまち敵対関係となる。

日本では、「尖閣問題」で日本が中国と衝突したら、アメリカが助けに出て来ていっしょに戦ってくれると思っている人が多い。だが、こうしたアメリカと中国の両首脳の動きを見ていると、それはどこからどう見ても限りなく実現性の低い話としか思えない。

日本人がアメリカに頼っても、アメリカが応じてくれるかどうかは、そのときの事情次第である。アメリカにとって、日本を見捨てたほうが得と思えば静観するだろうし、助けたほうに利があると判断すれば、仲裁には入るだろう。

よほどアメリカにとっての利害が生じることにならなければ、参戦の可能性はないというのが、世界の大半の観測だ。

中国が尖閣へ侵攻する可能性

ではアメリカにとって、中国と戦ってまで日本を助けることに利がある状況とは、どういう事態であろうか。冷静になればなるほど想定はしづらい。

中国が、尖閣諸島を取りに軍を進めると考えているのは、おそらく世界中で日本くらいであろう。そもそも、当の中国が考えていない。

私はかつて中国政府の中枢にいる要人と腹を割って話したことがある。彼は私に「中国が日本を取っても得るものはありません」と言った。日本の25倍の国土と14億人の民、55の少数民族を抱えている中国にとって、これ以上の領土を持っても何の意味もないのである。

中国も尖閣諸島は中国の領土といってしまっている以上、いまさら日本領とはいえないが、軍を動かしてまで取りにいくほど、ある意味、中国には余裕も熱意もない。

日本が国際紛争に巻き込まれれば、アメリカが助けると期待するのは、日米安保条約があるからだ。しかし、拙著『戦争の大問題』でも述べているが、安保条約は日本の紛争に自動的にアメリカ軍が出動するとは定めていない。

アメリカが軍を出すか出さないかは、アメリカ政府と議会の判断で決まる。日本が救助を要請すれば、アメリカ軍は必ず出てくると期待していても、期待外れに終わることだって十分にあり得るのだ。それは大統領が代わっても変わらない。盛んに介入を口にするバイデン大統領だが、現実に軍隊を動かすかとなると話は別だ。なぜ日本のためにアメリカ軍が、命と金をかけてまで出ていかなければならないのかといい出す可能性は大いにある。

尖閣問題は、戦争をしてまで白黒をはっきりさせるような問題ではない。現状維持で両国に不都合は生じていないのである。尖閣問題の取り扱いで、危険を冒してまで争うより名称はともかく現状のままで、漁業権や共同資源開発の話し合いで進むほうが、はるかによいことはいうまでもない。

日本人は、アメリカが中国と対立していると思い込みがちだが、5～6年前までは、アメリカの本音はむしろ日本と中国の争いが過激化して、そこに巻き込まれることを案じていた。現在のアメリカの対中強硬姿勢がずっと続くと考えるべきではない。

正体の見えない戦争の脅威

アメリカはやや力が衰えたとはいえ、依然として他国に大きく水をあける世界第1位の超軍事大国である。

軍事費では、世界全体の合計額のうち約40％を占めるアメリカが第1位、第2位の中国は約14％、日本は9位で2～3％の間だ。よく米中で世界の軍事費の50％以上を占めるといわれるが、40％はアメリカなのである。

戦力比較では、中国は到底アメリカの敵ではない。中国もアメリカの実力は十分に承知している。だが、近い将来、いやすでに現在でも、戦争は砲弾やミサイルが飛び交う現実世界での戦争ばかりではない。

サイバー空間での戦争も、相手国にとっては十分脅威となる。

サイバー戦の実力でも世界第1位は、やはりアメリカ軍である。世界中にOS（コンピューターの基本ソフト）を提供しているアメリカが、サイバー戦の世界でも有利なのは当然といえるかもしれない。

しばらく前までアメリカに次ぐ実力を持つのがロシアといわれていたのだが、ロシアの位置は2021年には第5位と相対的に下がり、代わって上がってきたのが中国、イギリス、インドでロシアはその後ろに位置する。日本はさらにその下だ（ストックホルム国際平和研究所2022年）。

サイバー戦の特徴は、攻撃の事実と意図はわかっても、どこから攻撃されたかがわかりにくいことだ。

したがって外交上は友好関係にあっても、サイバー戦では攻撃し合っているということも起こり得る。おそらくいまこのときでも、サイバー空間では現実世界の友好国同士で戦いが続いているはずだ。

サイバー戦で、相手国の政治体制をひっくり返したりすることまではできない。

しかし、インフラの破壊や電子決済システムへの攻撃によって、事故や災害、経済不安を意図的に引き起こすことは可能だ。単なる情報の取り合いのみならず、現実世界に損害をもたらすことができるのである。

ただしサイバーアタックで、多大な人命が失われるような、大規模な被害をもたらす攻撃を仕掛けることは、いまの段階では想定しがたいといわれる。サイバーアタックでは、敵に致命傷を与えることはできないのだ。

一方、サイバーアタックは、被害は小規模であっても、攻撃をすべて防ぎきることは不可能といわれている。

したがって災害対策同様、避難設備を整えることが必要だ。

避難設備とは、ひとつのシステムが攻撃されたら、すぐにバックアップのシステムに切り替わるという攻撃に対する緊急措置を備えることである。

中国は第4章でも述べるように、電子マネーでも有力な立場をとる技術を持っている。

いまのところ事実上の無法地帯であるサイバー空間では、アメリカと中国が戦いを始めても止めようがない。

中国陸海空軍とロケット軍の実力

現在、中国軍は「習近平派の将官」で固められている。退官したり、冷や飯を食わされるはめになった軍人たちに、当然くすぶりは残るだろうが、習近平は軍も完全に掌握しているということだ。

中国軍は人民解放軍以来の陸軍偏重を見直す軍組織の改革を行っている。習近平は、今後も軍の近代化を積極的に進めていくだろう。第２砲兵をロケット軍に改め、魏鳳和《ウェイフォンホー》を国防部長（国防相）に就けたのもその表れだ。

近代戦において陸軍の役割は戦略上それほど大きくない。地続きの小国を制圧することはできても、相応の実力を持つ他国との戦争になれば、物をいうのはＩＣＢＭ（大陸間弾道弾）を運用するロケット軍、それに海軍、空軍ということになる。

習近平の実績は、軍の改革と反腐敗運動である。

軍の改革で最も大きかったのは、陸軍中心だった軍制の改革とロケット軍の創設、それにサイバー攻撃や宇宙空間の軍事行動を担う戦略支援部隊の創設である。

空軍の兵力は、航空戦力の量と質で日本を凌ぎつつある。量では日本の倍以上、質の面では、大型レーダーを備えた空中早期警戒機を持つ日本のほうが電子戦で優位と見られているものの、航空機の性能、パイロットの練度ともそう大きな差はなくなっている。

中国海軍は、いまのところ積極的に海外へ戦争に行ける艦隊ではない。陸上基地から飛び立つ航空戦力がカバーできる範囲内で行動する、もっぱら自国周辺を行動範囲とする海軍ということができる。

習近平は、鳩山由紀夫《はとやまゆきお》元総理と会談したときにこういったという。

「中国は覇権主義をとらない。覇権主義は我々のDNAにはない。中国の軍隊は、守りの発想からつくられている」

ロケット軍の実力は、中国が「核クラブ」の一員で核弾頭を保有し、その運搬手段である長距離ミサイルを持っていることで、もはや技術的優劣を比べることに意味はない。

核爆弾を装備した弾頭を撃ち込まれれば、数百万人単位の犠牲者が出る。核ミサイルは持った段階で勝負ありなのだ。

それゆえ核ミサイルは戦略兵器と呼ばれる。

今後も伸び続ける中国の国防費

ロシアのウクライナ侵攻に刺激され、日本も防衛費をGDP比2%まで増やせという議論が出ているが、これまで日本の防衛費は概ねGDP比1%であった。中国の国防費もGDP比では大体日本と同水準である。

しかし、日本と中国ではGDPの大きさも成長率も違う。したがって同じ1%でも、当然中国の国防費のほうが金額の伸びは大きい。ただし、国防費のすべてが兵器に投資されているわけではない。

中国の人件費と土地代の上昇は、日本の在中国企業の悩みの種だが、中国軍も兵士の給料は国内の物価水準に合わせて上げていかなければならない。国内の物価が上がれば、兵士の食費や被服に要するコストも上がる。

企業経営を例にとっていえば、メーカーは会社が成長するとともに、最新の生産設備も生産性が高い機械に改める。競合メーカーよりもよい品質の製品をつくるには、最新の工作機械を持つための設備投資は避けられない。

テクノロジーは時間の経過と共に進歩する。テクノロジーの進歩に歩調を合わせた設備投資でなければ他社に後れを取る。設備投資は予算の一定割合を占める。したがって、会社の予算が大きくなるとともに設備投資の予算も大きくなる。

同様に国が成長するときには、防衛予算も大きくなるのだ。

兵器もテクノロジーである。予算が許せば、最新鋭の装備をそろえようとするはずだ。

中国は新型コロナ前まで6％以上の成長を続けていた。

世界経済が新型コロナの影響を受けた２０２０年は、中国のＧＤＰも２％台に落ち込んだが、２０２１年にはその反動でプラス８％に上昇、２０２２年の成長は４～５％が見込まれている。成長率の落ち込んだ２０２０年は、国防費の伸びも30年ぶりの低水準となったが、今後もＧＤＰ比で、これまでと同様の比率を維持しつつ国防費は伸び続けるだろう。

習近平が考える一帯一路構想とＡＩＩＢ

２０１３年に習近平が提唱した「一帯一路」構想とは、中国から中央アジアを経由してヨーロッパに至る地域（陸のシルクロード）のインフラ整備・経済開発・貿易促進と、東南アジアからアラビア半島、アフリカ東海岸までの国々（海のシルクロード）のインフラ整備・経済開発・貿易促進を図るものだ。

一帯とは、陸のシルクロードである「シルクロード経済ベルト」を指し、一路とは海のシルクロード「21世紀海上シルクロード」のことである。

このふたつの地域の経済開発が一帯一路構想であり、その資金的な裏付けをするために、やはり習近平の提唱で創設されたのがＡＩＩＢ（アジアインフラ投資銀行）だ。

日本では、一帯一路を習近平の覇権の企てと見る人が多い。資金提供によってこの地域の経済的、政治的な覇権を握る野望だという論だ。

一帯一路構想のねらいとは

鳩山由紀夫元総理は「一帯一路フォーラム」に招かれた際、習近平から直接「一帯一路」構想の目的について聞いたことがあるという。

鳩山氏によれば習近平は、「一帯一路の目的は第一に平和であり、繁栄は第二である」と明言したそうだ。経済開発は、平和を実現するための手段であり、経済的な覇権を握ることは、もとより念頭にないといっていたという。

習近平と直接会った鳩山氏は、この話を「信じたい」と感じたそうだ。

平和のためには、人々の暮らしが豊かでなくてはならない。経済発展が進めば、わずかな富を争って奪い合う必要がなくなる。

陸と海のシルクロードの地域が経済発展し、豊かになれば、その地域の争いは少なくなる。その地域の平和と経済発展は、中国にとっての利益である。

中国が中央アジアや東南アジアの国々を支配下に置くよりも、その地域の国々が平和になり経済発展するほうが、中国にとっては利点が多い。

当然である。もし、陸と海のシルクロードにある国々を支配下に置けば、現在の中

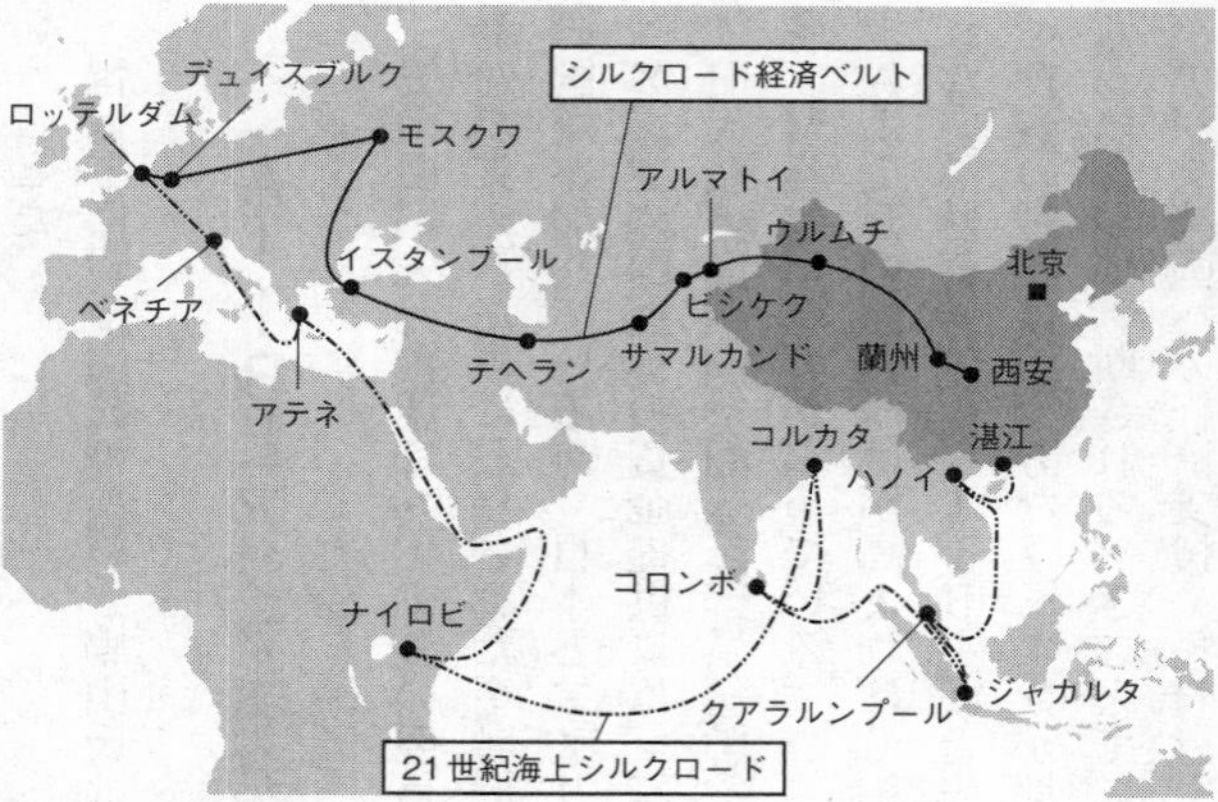

(出典)各種報道資料より作成

図3　一帯一路構想のルート概念図

国の数倍の地域、そして言語と文化の異なる民族を統治しなければならない。

いまでも日本の25倍の面積の国で14億人の多民族国家を運営している中国政府にすれば、これ以上統治を拡大することは間違いなく自滅行為であると自覚しているはずだ。

好き好んで、自分の身体の何倍も巨大で、重い荷物を背負おうという人はいない。中国の一帯一路を中国の覇権主義と考える人は「荷の大きさと重さ」を知らない人たちである。

中国経済圏をつくり圏内の国々に強い影響力を持つという、一部のメディアや識者の見立ては当を得ていないということだ。

習近平に覇権主義はないと鳩山氏はいう。私も同感である。

ＡＩＩＢとアジア開発銀行

鳩山由紀夫元総理はＡＩＩＢの委員を務めている。ＡＩＩＢは、一帯一路構想を資金面で支えるために設立された金融機関である。ヨーロッパ各国をはじめとして多くの国が参加しているが、日本とアメリカは不参加だ。

アジアの国々への資金提供には、「アジア開発銀行（ＡＤＢ）」もある。

旧大蔵省はアジア開発銀行の設立に深くかかわっており、同行の総裁は代々大蔵省・財務省出身者が務めている。

ＡＩＩＢの位置づけが高まれば、相対的にアジア開発銀行の地位が低下するかもしれない。財務省は、ＡＩＩＢを競合先と見ているのだろうか。

投資の是非は、十分なリターンが期待できて、投資先の事業目的に意義を認められるかによって判断されるべきことである。

アジア諸国への経済支援や投資は、日本・中国にとって経済合理性に基づき国の利益に大きく貢献する案件であれば、相手国と二国間で実行するのが常であり、わざわざＡＩＩＢに持ち込むことはしないものだ。

わかりやすくいえば、美味しいものは腹が痛まない程度にひとりで食べ、不味い（利益が小さくリスクの大きい）ものはＡＩＩＢ、ＡＤＢ、世界銀行で各国協力して食べるというのが常識だということを心に刻んでおくべきだろう。

したがってＡＩＩＢに参加しても、しなくても、大したことにはならないのだから、アジアの一員として声を上げるくらいのことは、大問題でも何でもない。アジア諸国の経済発展と平和のために、明日にでも参加したらよい。

アメリカでも一時ＡＩＩＢ参加に前向きな動きがあったし、世界銀行がＡＩＩＢに協力を打ち出してもいた。

トランプ政権時代でも、その初期にはＡＩＩＢへの不参加を前政権の戦略的失敗と指弾していた。

日本が逡巡しているうちに、アメリカが日本の役割を取ってしまうということも、あり得ない話ではない。

日本は米中をつなぐ役割を発揮せよ

脳細胞の働きを真似たコンピューターができないかと考えて、アメリカに留学していたことがある鳩山元総理は、アメリカ人はゼロか1でしか物を見ない傾向があるという。

イエスかノーか、◯か×しかないのがアメリカ人だ。

長くアメリカにいると、アメリカ人のそういう傾向がわかる。アメリカ人は中国に対しても、おそらくは日本に対しても、◯か×かだけで判断している。

鳩山氏は、「西洋医学は、外科的な処置で悪いところを切除しようとする。一方、東洋医学は患部を残したまま、全体の調和の中で病の改善を図る。それが西欧人とアジア人の違い」という。

アメリカ人には、中国人の考え方がわからない。

アメリカ人にとってみれば問題があればすぐに解消すべきものだが、中国人だけでなくアジア人は、問題ではあってもそれが深刻なものでなければ、残したままでの解決方法を模索しようとなる。

インド洋と太平洋をつなぐのはＡＳＥＡＮだ。

ＡＳＥＡＮ地域、あるいはソロモン諸島のような南太平洋地域の島嶼国を巡っては、今後もアメリカと中国がぶつかる可能性が高い。そういうときに両者の間に入って、お互いの理解できない部分を補い、双方にウィン・ウィンの落としどころを提案し仲介することにこそ、日本の役割はある。

アジア人である日本人がアメリカ人の〇か×かを真似て、真っ先に冷静さを失うようでは、アジア諸国の信頼はなくなり、日本の将来に光はない。

アメリカ人に習近平はわからない

以前にアメリカ政府の要人から、「北朝鮮は、何を考えているのかさっぱりわからない。金正恩《キムジョンウン》が何を考えているのかアドバイスしてほしい」と頼まれたことがある。アメリカ人には、中国や朝鮮半島の国の人の考え方が理解できない。おそらく日本人のことも、自信を持って理解していると思っているアメリカ人は少ないだろう。

古代日本の文明は中国、朝鮮から伝わった。つまり3国（韓国と北朝鮮を別々に見れば4国）の国交の歴史は、2000年を優に超える。文明が伝わる過程で文化も影響を受けた。中国の道教文化や儒教文化は、朝鮮半島の文化にも、日本の文化にも強い影響をもたらしている。

日本人には中国人に複雑な感情はあっても、少なくともアメリカ人よりはわかるはずだ。わかるだけの長い付き合いがあるのだから当然である。

テレビ朝日コメンテーターの川村晃司《かわむらこうじ》氏は、日本のメディアの論調はCNN等アメリカメディアの報道に影響を受ける傾向があるという。日本人が、習近平のことを何を考えているのかわからないと訝るのは、アメリカ経由の情報で中国を見ているせいもあるかもしれない。日本人が日本的な観点から素直に中国を見れば、もっと習近平のことも、中国のこともわかってくるはずである。

日本人は、長く日本的な観点から中国を見ることを忘れてしまっているように見える。

それは戦前からそうだ。明治以降の日本人の中国に対する見方は、ヨーロッパ列強の中国観というフィルターを通してのものであり、戦後はアメリカというフィルターを通してしか中国を見ていない。

我々は、我々の裸眼で真っすぐに中国を見るべきではないか。中国がわからないアメリカを通してしか中国を見ていなければ、いつまで経ってもアメリカ並みにしか中国のことはわからない。

欧米にはわからない徳による治政

徳は才の主人、有徳は有才に勝るといってもアメリカ人には理解しづらい。

中国、日本でいう「王道」とは、王の徳によって国を治めるということである。力対力によって勝敗を決し、相手を征服する「覇道」は欧米の人々にもよくわかるが、実力装置を持たない「徳の治政」を理解できる欧米人は少ない。

徳という価値観を欧米人に説明するというのは、はなはだ困難な作業である。日本人にとって、上に立つ人に徳が必要ということは、それが現実にできているかはともかく、耳慣れた言葉である。企業経営者も、自治体の首長も、国のトップも、およそ組織を率いる者には才より徳が必要という認識はあるはずだ。

第2次大戦後、中国大陸に残った日本兵を「以徳報怨《いとくほうえん》（徳をもって怨みに報いる）」と、手厚い待遇で収容所生活の面倒を見て、積極的に帰国させた蔣介石の行動もアメリカ人には理解し難いであろう。

武装解除した日本兵をシベリアに抑留し、作業させたソ連人にもわからないはずだ。

そのシベリアから送られた日本人戦犯に、瀋陽《しんよう》戦犯審理所で安全と健康を保障し、最終的に全日本人を帰国させた周恩来の行動も、やはり欧米人やソ連人には理解の及ばない行動であったに違いない。

軍事力と経済力で抑えれば、それで勝負あり。あとは力で押さえつければ、自然に向こうから付いてくると考えているアメリカ人の目で中国を見れば、いまの中国は危険極まりない国にしか見えないこととなる。

だが、アメリカのそのやり方で成功した例がいくつあるのか。実際には失敗例のほうが多い。キューバ、ベトナム、イラクとみんな失敗している。

数少ない成功例が日本だ。

中国については、むしろ日本がアメリカに対してアドバイスする立場にある。

皇帝の支配から、共産党の支配に変わっても、中国人の価値観や国民性は変わらない。それは、天皇制から民主制になっても日本人が変わらないのと同じだ。

日本の持っている中国との国交の歴史は、アメリカに対して十分に意義のある知的財産である。それを生かすことこそ、日本の対米貢献策ではないだろうか。

アメリカ人の中国観

アメリカ人の中国に対する意識は、やや警戒感を伴ってはいるものの、今後の世界で重要なポジションを占める存在、すなわち心から信用はしていないが、実力は認めているというところだろう。

アメリカ人の認識からすれば、中国が世界で重要なポジションを占めるようになれば、やがてアメリカと覇権をかけてぶつかることになる。アメリカ人にとって世界チャンピオンはひとりだけしかいないからだ。

1970年代の日米貿易摩擦の頃や日本がロックフェラーセンターやコロンビア映画などを次々と買収していたバブル経済のピークの頃は、日本がアメリカの脅威と見られていたこともある。日本人からすれば信じられないことだが、それがアメリカ人である。

物事に勝ちか負けしかないのだ。

勝っている者は、とことん勝ち続け、やがてどこかでもう一方の勝者と雌雄を決することとなる。ビジネスでは公式、すなわち表向きでは「三方よし」「ウィン・ウィン」を目指す彼らだが、国際政治では依然として覇権主義的なものの見方を優先しがちだ。

元来アメリカにとっても中国は、巨大な市場である。

戦前アメリカが日本の満州国経営に反対したのも、大陸の権益を独占されたくなかったからだ。

中国には理想の市場であってもらいたい。それがアメリカ人の本音であろう。アメリカの対中戦略はそこに収斂する。

それならば日本は、日本の優位性を生かして積極的に中国と付き合いを深め、日本、中国、アメリカの間で「三方よし」を貫くべきである。

アジアにおける日中の果たすべき役割

2018年6月、来日した中国の要人から「中国は、日本との関係を積極的に改善したいと考えている。しかし、日本がどこまで本気なのかわからない」と相談された。

2012年の尖閣問題以来、冷え続けていた日本と中国の関係を政府トップレベルの親密な交流によって、良好な状態に戻したいという本音が中国にはある。

同じ2018年6月、世界中が驚いた「米朝首脳会談」がシンガポールで行われた。

オバマ元大統領が中国任せにしたまま、まったく手を着けなかった北朝鮮問題は、オバマ元大統領の仕事をことごとく否定したトランプ政権にとっては、ぜひ取り組んで一歩でも二歩でも前進させたい課題だったに違いない。

米朝の接近によって、東アジアの緊張は一気に緩んだように見えた。結果から見れば、米朝首脳会談で東アジアが安定平和の方向へと大きく動くことはなかったが、米朝のトップが史上はじめて会談した事実を作ったことはトランプ前大統領の手柄といえよう。

新型コロナの感染拡大で国家間の交流もなくなり、米朝関係は再び膠着してしまった。しかし、北朝鮮問題は放置できない問題である。北朝鮮を動かすためには中国を抜きにしては考えられない。

日本と中国、韓国が協調してアメリカと共に取り組まない限り、東アジアの地域に安定を築くことはできない。アメリカ任せでは東アジアの安定はやって来ないし、日本単独でも手に負えない。最も北朝鮮に影響力を持ち、経済的な力もある中国をパートナーにすることが、問題解決の一番の近道である。

中国の脅威レベルを下げるのが日本の役割

急拡大する国は周辺諸国にとって脅威である。日本も急成長し自衛隊の装備が強化された頃、アジア諸国から脅威と見られていた時代がある。経済進出の結果、タイでは日本製品の不買運動が起きたこともある。日本企業の排斥運動も起きた。

福田《ふくだ》康夫《やすお》元総理とお会いしたとき、日本人の中国脅威論の話になり「南シナ海などでトラブルを起こし、周辺国に脅威を感じさせる中国の行動も悪い。しかし、中国は変わろうとしている。

日本は自分たちの過去の経験から、対外的な振る舞い方を中国に助言したらよい」という話になったことがある。

後述するとおり過去に例のない壮大な社会実験を行っていると考えている中国は、規模が小さい日本の経験を必ずしも参考になると思っていないが、福田元総理のような実績・人柄ともに重みのある人の助言であれば傾聴するかもしれない。

私も中国には、日本のかつての経験からの助言が有効なところがあると考える。徒に中国脅威論ばかりを叫ぶことより、中国の脅威のレベルを下げるためにも、積極的に中国と交流を持ち、日本の国際的な成功体験、失敗体験を語りかけるべきではないか。

それが、中国よりも少し先を進んでいる日本の役割であり、世界に貢献する道でもあるように思う。

第4章
中国の変化を知らない反中・嫌中論は不毛

中国は昔の中国ではない。図体ばかりが大きかった中国も、世界の中でその役割と責任を自覚しはじめている。中国は変わってきている。中国を見る日本人の目も変わらなければならない。

先入観にとらわれず日本と中国の関係を見極めるべきだ。

反日ドラマの時代は終わった

日本の若者と中国の若者には共通する点がある。

それはどちらもテレビを見ないということだ。日中の若者たちは、情報はネットから取るし娯楽もネット中心だ。インターネットがなければ生きられないというのが、日中の若者ということになる。

中国では日本のアニメが圧倒的な支持を得ている。

私は見たことがないが、『NARUTO』『ワンピース』、日本でも国民的アニメである『ドラえもん』、それに何年か前に大ヒットした映画『君の名は。』などが、中国の若者たちの心を捉えているという。

反対に人気がないのは、いわゆる「反日ドラマ」だ。

反日ドラマとは、日中戦争の時代に日本軍が中国で暴虐の限りを尽くし、人々を苦しめているところに共産党の軍隊が現れ、日本軍をコテンパンにやっつけるという勧善懲悪ならぬ「勧共懲日」ドラマである。

かつては、地方でテレビをつけると必ず反日ドラマが流れていた。

ところが最近は地方に行っても、反日ドラマを見かけることがない。現地でエンターテインメント関係のビジネスをしている人に聞くと、都市部はもとより地方でも反日ドラマは人気がないため、数が減っているそうだ。

若者を中心にネットで動画を視聴する人が増え、テレビ局の番組を含めて選択肢が多く、描き方がワンパターンの作品が飽きられているという指摘もある。

反日ドラマがアピールするのは共産党の正当性

反日ドラマの中味とは、共産党の抗日戦争のドラマ化である。

いうまでもなく中国は共産党の一党独裁だ。その正当性を担保するのは、日本軍に勝利して中国から追い出し、国民を救ったことにある。共産党が中国を治める正当性がそこにある以上、ドラマの中での日本がよい国として描かれることはあり得ない。

日本で勧善懲悪の時代劇をつくっても、敵役はどこまでも悪辣《あくらつ》で非道である。そのほうが、最後に正義のヒーローが敵をやっつけたときのカタルシスが大きいからだ。

中国の制作サイドからすれば、日本を悪く見せたいのではなく、ヒーローである共産党をよりよく見せたいのである。ヒーローをかっこよく見せるには、悪役は冷酷非道で残虐なほうがよい。そして『忠臣蔵』では吉良上野介が悪役であるように、抗日戦争のドラマでは日本軍が悪役となる。

日本で時代劇『忠臣蔵』がなくならないように、中国でも「反日ドラマ」が消滅することは当分ないだろう。しかし、視聴者は四六時中、時代劇ばかりを見たいわけではない。特に若者はそうだ。

日本の有識者でも、中国の反日ドラマに眉を顰《ひそ》める人は少なくない。あんな番組を見せられたら、日本によい感情を持つはずがないと危惧する声をよく聞いた。尖閣問題が過熱したときには、やはり反日ドラマの影響を疑ったものである。

しかし中国人の若者で、反日ドラマの影響を受け日本に嫌悪感を抱いている人は少ない。

彼らにとって反日ドラマは「時代劇」であり、彼らはアニメや音楽を通じていまの日本を知っている。従来の反日ドラマは、もはや国民に飽きられ、共産党の正当性を

PRする手段として十分機能しなくなったということである。

共産党のキャンペーンとはいえ、旧日本軍を徹底的に悪役にする反日ドラマは、日本人にとって愉快な話ではない。では、中国人にとっては愉快なのかというと、地方でも数十年前と違いネットで新しい日本の姿が見られるいま、現実とかけ離れ過ぎていては宣伝過剰と逆効果になりかねない。あまりに単調な善悪の図式で描かれるドラマでは、中国国民にとっても魅力的なコンテンツではなくなっている。

消えた韓流ドラマ

中国でも、当然ながら魅力のあるドラマに人気が集まる。

しかし、在韓米軍に新たに配備されることになった地上配備型ミサイル迎撃システム「THAAD」によって、中韓関係が悪化し、中国ではそれまで人気のあった韓流ドラマも見られなくなった。

THAADとはTerminal High Altitude Area Defense missile（終末高高度防衛ミサイル）のイニシャルで、弾道ミサイルを大気圏に再突入する段階の高高度で撃ち落とすことを目的にアメリカ軍が開発したミサイル迎撃システムである。

中国は韓国にTHAADが配備されることを「地域の戦略的均衡に懸念をもたらす動き」として強い不満と反対の意思を示した。

反対の意思表示とともに、中国政府は韓国への団体観光旅行を禁止し、その影響で中国人韓国旅行客は激減、中国国内の韓国企業の売上も著しく下がったと伝えられている。

もとより韓流ドラマとTHAADは何の関係もないが、日本に対しても尖閣国有化の直後、似たような現象が起こったので、中国政府が国内に向かって何らかの働きかけをしたという見方は外れてはいないように思う。

しかし、政府が一時的に抑えることはできても、国民の嗜好や需要まで操作することは不可能だ。

尖閣問題直後、2013年の訪日中国人観光客は70万人程度であったが、翌年には倍以上の約175万人に跳ね上がった。

日本政府の観光立国政策の影響もあって韓国や台湾、香港からの観光客も増えていたのだが、それでも中国人観光客は増加率が1桁違う。その後も訪日中国人観光客の数は増え続け、コロナ前の2019年は1000万人に迫るまでになっていた。

中国富裕層の中には「週末訪日」で、定期的に温泉ツアーや美容エステツアーに来ている人々もいたという。

中国が嫌いな日本人の本音と中国国民の意識

日本人の中国嫌いはすでに何度も述べたとおりだが、中国人は日本をどう見ているのだろうか。

認定NPO法人「言論NPO」が毎年行っている日中の世論調査（2021年）では、中国人の日本への印象は悪い印象を持っているが約66%、良い印象を持っているが約32%であった。

日本の中国に対する印象は悪いが約90%で、良いが約10%であるのに比べればまだましといえるものの、尖閣国有化のときの日本に対する悪感情約93%が、新型コロナの感染拡大前の2019年には50%近くまで落ちてきたのに、ここに来て再び悪化しているのは問題だ。

また、習近平に対する日本人の印象はその他の世論調査でも悪い。

しかし日本人の各国のトップに対する印象は大体悪く、習近平が際立って悪いということでもなく、プーチン大統領に対しても日本人は好意的ではないし、２０１７年のピュー・リサーチ・センターの調査ではトランプ大統領のほうが数字が悪かった。

こうした傾向は、世界各国の世論も日本人と同じようなものだ。

衆議院議員の小沢一郎氏と話したとき、小沢氏は「こういう意識は何かあればすぐにひっくり返る。気にする必要はない」と言っていた。私も同感である。

また、実際に90％前後の日本人が中国を嫌っていると見るのも早計だ。

世の中は概《おおむ》ね「賛成2、反対2、どちらでもない6」で構成されている。これをビジネスの世界では「2：6：2の原則」と呼んでいる。中間の6は、賛成の2が強ければその2に6が引っ張られ、賛成は一気に8になる。反対が強ければ、反対が8割を取る。

核となる2の声が大きいほうに6は引き寄せられ、ある意見がマジョリティとなる。

経済的にはけっして反中とはいえない日本も、日本国民の意識で見れば明らかに「反中の空気」が社会を支配している。

反中・嫌中意識を誰が広めているのか

新型コロナ前でも、もうひところのような「爆買い」こそ聞かなくなっていたが、2019年には約960万人に達するなど中国人旅行者は増え続けていた。空港や新幹線、観光地で中国人旅行者を見ない日はなかった。こうした光景からは、訪日中国人に「反日」的印象はなかった。

言論NPOの調査でも、訪日中国人観光客がピークだった新型コロナ前では日本に悪い印象を持っているが約53％だが、良い印象を持っているが約46％で拮抗していた。日本を訪れる中国人の数は世論に反映される。

中国で日本の印象が悪いのは、新型コロナによる渡航制限が大きく影響していると見るべきだ。

では日本人の「反中」はどうか。日本人の反中は旅行行動にも表れている。中国人訪日客の増加に比べて、日本人の訪中人数は尖閣問題以降、ずっと振るわない。2016年から回復基調にはあったが、お互いの旅行者数の傾向から見れば、中国人の「反日」に比べ日本人の「反中」はより深刻といえそうだ。

日本から中国を訪れる人は、コロナ前でもピーク時から100万人近く減っている。

無論、実際には「反中」だけが中国を訪れる日本人旅行者減少の理由ではないだろう。観光客を呼び入れるための施策やPR活動が弱かったり、アクセスの改善や観光地の整備が遅れているなど、「反中」以外の理由はいくらでもある。

それでも、日本人の中国に対する意識調査の結果と合わせてみると、やはり「反中」の空気が日本人の中国旅行者の数に影を落としていることは否定しきれない。

民間交流の量と質によって、日中双方の国民感情は影響を受ける。

新型コロナの感染を防ぐために、民間交流の機会が犠牲になってしまったことは感染対策上やむを得なかったと思うが、日中両政府としては早急に交流の機会が増えるよう取り組むべきである。

ネットとメディアがつくる中国を嫌う空気

中国の旅行関係者の間では、日本人は中国の歴史的な遺跡、遺構は好きだが、現代の中国はあまり好きではないという認識があると聞いたことがある。

中国との経済交流を担うビジネスパーソンには、「反中」の影響が意外なほど薄い。だが、一般の人々には「反中」の空気がはっきりと影響している。

私はいまでも日本社会は、よくわからない反中の呪縛《じゅばく》にとらわれていると考えている。国際的に見ても日本の中国嫌いは、他に類を見ないほど変動幅がなく長い期間続いている。「反中」という空気の「製造物責任」は、どこにあるのだろうか。

日本の社会に「反中」をもたらした責任の一端は中国にもある。

しかし、日本国内の「反中の空気」をつくったのは日本人だ。反中意識に価値などないことはみんながわかっている。いくら中国が嫌いといってみたところで日本のGDPは1円も増えないし、世界から賞賛されることもない。

経済活動は、後述するように反中とは無関係に動いている。

反中の果たした効果といえば、これまで見てきたところでは訪中日本人客を減らしたくらいのものである。表立って堂々と声高に反中を叫ぶ人は多くない。中国を嫌いな約90％の日本人のほとんどは、反中を堂々と人前で叫んでいるわけではないし、中国が嫌いという理由もあいまいなものだ。

こうしたあいまいな「空気」をつくることに大きく貢献しているのは、一部の確信的な反中の人たちではない。ネットとメディアだ。それも旗幟《きし》鮮明な保守的なメディアではない。一般メディアである。先述の「2：6：2の原則」でいえば「6」の位置にあるメディアが、保守的な2に引っ張られることによって、8割の反中の空気がつくられたのだ。

テレビ朝日コメンテーターの川村晃司氏は、自身が教える大学の学生たちにも中国を嫌う空気があるという。

川村氏は、その空気は反中というほど確固たる意識によるものではなく、何となく好きになれない「嫌中」というべきものだと表現した。

学生たちに中国問題についてレポートを出させると、彼らが情報源とするのは専門書よりも圧倒的にネットだという。ネットで中国問題を検索すれば、ほぼネガティブな情報しか出て来ない。ネットに氾濫している「嫌中」情報は、ある意味で一般メディアより影響が大きいといえる。

提出されたレポートを読むと、一部の学生にはネット情報で感化されたと思われる中国観が散見されると川村氏は教えてくれた。

ネットには中国批判の記事があふれ、書店店頭には中国批判の本ばかりが並んでいる。中国について知ろうとする学生が、中国とはイヤな国という印象を持つのは無理もない。

中国に批判的な記事ばかりがネットニュースに載るのは、ひとつは一部の保守系メディアが一部のネットニュースサイトと協力関係にあるという背景もあった。

だが、それはネットと連動することで読者を増やそうという戦略の一環で、反中、嫌中の空気を広げようと意図して行ったことではない。

とはいえ、その結果、ネット上には刺激的な見出しの中国批判の記事が増えた。

連鎖反応的に形成される危険な空気

ネットの影響は、学生たちやその他のネットユーザーにとどまらない。

テレビ報道の分野でも、リサーチャーと呼ばれる現場の若いスタッフは、一義的にはネットから情報を収集する。ネットの記事はデータのひとつとはいえ、中国批判の記事が圧倒的に多ければ、そこでも影響を受けないとはいえない。

一部の保守系メディアの記事がネットのニュースになったことで、ネットユーザーのみならず報道の現場にも影響を及ぼす可能性はある。その結果、国民はネット、メディア、書籍の三方向から影響を受けることとなる。

反中、嫌中の空気はこうした「相乗効果」を経て形成されたのかもしれない。

空気が形成されるときは、いつの時代でも特に誰かが意図して空気を創造するのではなく、相乗効果がエスカレートした結果であることが多い。戦前の対米戦に至ったケースにも、今日のネットと報道の相乗効果に似たプロセスがあった。

戦前、対米戦を主張したのは軍部である。軍部の予算拡大や政治的なポジションを高めるために、アメリカを仮想敵国としたのだ。

一般の人々は、多くはアメリカがどういう国で、どの程度の経済力、軍事力を持っているかも知らなかった。

新聞は日中戦争で新聞が売れていたので、軍部の協力欲しさに軍部の主張を載せる。日中戦争で高揚している日本国民は、軍部の対米強硬論に乗り、好戦的な世論が生まれる。

軍部の発言は自分たちの存在価値を高めるためのものであり、本気でアメリカと戦うつもりはなかったのだが、世論の高まりに煽られ、さらに強硬に対米戦を主張せざるを得なくなってしまった。

事態は核分裂反応のように拡大し、いまさら反対の意見をいうこともできず、面子もあるし意見も変えられない。かくして臨界点である開戦へと向かっていったのだ。

いつの時代も「空気」は一般メディアによって誘導され、国民意識のエスカレートによって形成される。戦前のケースでは、軍部、政府、新聞、国民に程度の差はあれ、それぞれ責任がある。現代は、ここにネットが加わった。現代の「反中」の空気は、開戦前の日本の空気と構造が似ている。だれかがはっきりと疑問を呈し、核分裂反応の制御棒とならなければいけないときだ。

中国リスクを訴える日本のメディア

メディアは「社会の木鐸《ぼくたく》」といわれる。鐸とは大型の鈴のようのものである。昔の中国では、法令などを民に知らせるときには、この鐸を鳴らしながら歩いてお触れを出していた。鐸の金属部分に当たって音を出す振り子が木で作られたものを「木鐸」と呼び、振り子が金属製のものを「金鐸」という。

法令などを触れ回るときには木鐸が使われ、金鐸は戦争を知らせるときに使われたここから転じて「社会に向かって警鐘を鳴らす役割」という意味で使われるようになった。

したがって、新聞に代表されるようなメディアの姿勢は常に権力や社会に対し批判的であり、問題提起型であることが基本となる。メディアが賞賛記事を書くのは、スポーツ大会の報道かノーベル賞受賞の報道くらいだ。問題提起するのはメディアの使命である。

中国に対しても、チャンスよりリスクに注目し、批判的な記事ばかりが出るのは仕方がないことだ。それはそれでよい。

しかし、日本のメディアには3つの問題があるように見える。

1つは批判の舌鋒に鋭さがない。2つめは横並びの批判が多い。3つめは批判さえしないことだ。

批判の舌鋒に鋭さがないのは、現地取材が弱いからである。中国のトップになってから習近平に直接インタビューした日本メディアはない。

メディア統制の厳しい中国で、国の最高権力者に単独インタビューすることが困難なのは承知しているが、現地取材が弱いままで記事を出そうとすれば、自信を持って独自の記事を発信することはできないから、全体に横並びの記事となる。

見出しで印象が決まる

記事内容が横並びであるなら、見出しで変化をつけるしかない。

見出しで変化をつけようとすれば、より過激な文言が躍ることとなる。中国駐在から帰ったばかりのビジネスマンが、日本の新聞記事の見出しを見て「どうして日本の新聞記事は中国に対して、いつもマイナス、悪いことばかり大きく書くのか？」と感じたという。

「GDP目標値が下がったり、日本企業が撤退すると見出しに『中国失速』と出る。しかし中国経済は失速というほどにはまだ深刻化していない」というのが彼の感想である。

つまり見出しが大げさで、その大げささに悪意があるというのである。

失速とは、飛行機が浮力（揚力）を失い墜落状態になることをいう。失速とは墜落の危機だ。あるいは急速に速度が落ちることも失速という。

「中国失速」とは、中国経済が破綻する危機に直面しているということになるが、いままでのところ中国経済は通年ベースで見ればコロナ禍からもいち早く回復し、墜落や急激に速度を失う状態にはなっていない。

日本のメディアは、簡単に失速という単語を使う傾向があるため、それだけをもって特に中国に対して悪意を持っているとは言い難いが、一般国民に「もう中国はだめなのか」という印象を与えかねない表現と思う。

なぜ中国に関しては、こうした過激な見出しが頻繁に使われるのだろうか。

人は自分に似せて他人を見る。

取材する人々が、取材対象と同じ程度の見識を持った人でなければ、いくら取材を重ねても対象となる人物の本質には迫れない。

自分だったら、という自分の立場でものを判断することは大事な判断基軸だが、今日一日を過ごせればよいと考えている人には、国や組織を背負って将来を見据えている人の大局観は理解不能だ。

自分のことしか考えない利己的な人間には「命もいらず、名もいらず、官位も金もいらぬ」人のことは理解できない。

現地取材が難しくても周辺取材は可能だ。

しかし中国に関する報道を見る限りでは、周辺取材でも適切な人に接触している気配がうかがわれないのは残念だ。そうした周辺取材も含めて、中国に関してはどうも現地における取材が弱いように見える。

メディアは真の木鐸であれ

副主席以前の時代の習近平には、インタビューしたメディアが何社かあるはずだが、インタビュー結果が生かされた記事を見ることはない。

中国に対する批判や問題提起は大いにけっこうだが、なぜその当時の経験や記録を生かさないのか。

過去のインタビューとはいえ、習近平の声を元にすれば十分に本人に迫った独自の記事がつくれるように思える。

読者は、各メディアが同じような論調で記事を書いていれば、概ねそれを真実と思う。

日本社会に反中の空気をつくったのは、中国自身の対外的な政策が発端であろうが、空気を国民に広く触れ回ったのは、ほかならぬ「社会の木鐸」であったのではないか。

日本の新聞は、日中戦争のときに大きく読者を増やした。

読者は戦争報道を求め、戦勝の記事が躍った。そのため当初は反戦であった新聞も、戦争肯定に姿勢を変え、本来は批判すべき軍部の行動を賞賛するという報道の罠に陥った。

メディアは戦前の轍を踏んではならない。

問題提起すべきは、中国のGDP目標値ではなく、日中の国民の間に横たわる特別な感情に対してであり、報道すべきは社会に広がっている反中の空気である。

それでこそメディアは「社会の木鐸」たりえるのではないだろうか。

日本の輸出も輸入も中国がトップ

日本の一番の貿易相手国はアメリカというのが、多くの日本人が持つイメージだろう。しかし、国別の貿易総額ではすでに中国がトップである。日本の輸出先は戦後長い間アメリカがトップの座にあったが、すでに輸出も輸入も中国が第1位だ。

中国は、日本にとって最大の「仕入れ先」であるとともに、最大の「販売先」なのである。かつては、アメリカがくしゃみをすれば日本が風邪をひくと、アメリカ頼みの日本経済を揶揄《やゆ》していたものだが、くしゃみの心配をする相手はいまや中国だ。日本は中国なしでもやって行けるなどという議論は、すでに議論自体がナンセンスといえる。日本と中国は、経済的にはすでに相互依存の関係なのだ。

日中貿易の推移はリーマンショックの影響を受けた2009年を除くと右肩上がりであった。尖閣問題の起きた2012年から2013年にいったん落ち込み、2015年の「チャイナショック」でもう一段落ちている。

２０１６年以降は再び回復基調に戻るが、２０１９年は米中貿易摩擦の影響で3年ぶりに落ち込み、２０２０年は新型コロナの感染拡大の影響で横這いにとどまった。その反動もあり２０２１年は10年ぶりに過去最高の貿易額となった。２０２２年は前年のような反動需要はないため、数値は落ち着くものの上昇が見込まれている。

尖閣問題は日中の国民感情に大きく影を落とし、いまに至るも日本人の対中感情には改善が見られない。

だが日中貿易の推移を見ると経済面では、尖閣問題は一過性の出来事である。国民感情とは別のメカニズムを持って動いているようだ。世論調査の数値は、こうした経済数値と合わせ冷静な目で見なければいけない。

日中貿易の中身

では、日本と中国ではどのような品物やサービスがやり取りされているのだろうか。

輸出品、輸入品とも『習近平の大問題』を出した２０１８年から大きく変わってはいない。

日本からの輸出品では、目立ったところで中国の半導体の国内生産の政策を受けて半導体製造装置が伸びている。半導体、集積回路などの電子部品も堅調だ。自動車は中国でも環境問題を重視するため、ガソリン車は減少傾向にある。機械類、光ファイバー、測定用機器、プラスチック、鉄鋼、化粧品なども２０２１年の貿易統計では軒並み増加している。

中国からの輸入品では、２０２０年に急増した不織布マスクは２０２１年には減少した。主力は電気機器で、スマホなどモバイル端末、モニターやプロジェクターなどの受像機器である。

かつて輸入品の主力だった中国の衣料品は、すでに多くが東南アジアへ生産拠点を移していることもあり中位くらいにランキングされる。

家具、寝具、玩具、バッグ、財布、靴、運動用具などのほか一次産品も、貿易の比重では小さいものの中国頼みの品目だ。

だが、もはや中国は価格勝負のコモディティを生産するには、不向きな地域になりつつある。

したがってそういう低付加価値の製品の生産拠点は、より生産コストの安い地域へ

表1　日中貿易の推移（双方輸入ベース）（単位：1,000ドル）

年	輸出額（日本→中国）	輸入額（中国→日本）	総額
2012年	177,649,842	188,450,182	366,100,024
2013年	162,114,236	180,840,622	342,954,858
2014年	162,512,019	181,038,865	343,550,884
2015年	142,689,642	160,624,606	303,314,248
2016年	144,996,448	156,631,816	301,628,264
2017年	164,865,658	164,542,081	329,407,739
2018年	180,234,250	173,598,618	353,832,868
2019年	171,514,651	169,302,509	340,817,160
2020年	176,088,877	164,105,906	340,194,783
2021年	206,153,124	185,287,363	391,440,487

（JETRO資料より作成）

移りつつあり、この傾向は続くはずだ。

中国の求める投資、求めない投資

『習近平の大問題』を発行した2018年当時、中国は直接投資してほしい業種をはっきり意思表示していた。直接投資してほしい業種を意思表示するということは、来てほしくない業種もあるということだ。

かつてはすべての業種がウエルカムだったが、近年では非製造業を中心に直接投資を受け入れている。

製造業は環境負荷の少ない産業、ハイテクメーカー、環境機器メーカー、高付加価値産業に軸足が置かれ、環境負荷の大きい大型の装置産業は、地域によって温度差はあるものの、歓迎される投資という状態ではない。

日本の対中投資額は、やはり尖閣問題の起きた2012年には落ち込んだが、翌2013年は契約ベースでは落ちたものの、実行ベースは上昇した。以降は上昇基調にある。

表2　2021年の日本の対中輸出

HSコード品目		金額（千ドル）	伸び率（%）	構成比（%）
総額		206,153,124	17.1	
第85類	電気機器およびその部分品	54,711,809	15.0	26.5
第84類	原子炉、ボイラーおよび機械類	44,144,649	20.3	21.4
第90類	光学機器、写真用機器、映画用機器、測定機器、検査機器、精密機器および医療用機器	18,044,235	11.7	8.8
第87類	鉄道用および軌道用以外の車両	16,059,819	△ 2.9	7.8
第39類	プラスチックおよびその製品	11,889,671	17.6	5.8
第72類	鉄鋼	5,891,465	27.1	2.9
第29類	有機化学品	5,778,345	27.0	2.8
第33類	精油、レジノイド、調製香料および化粧品類	5,653,781	15.8	2.7
第74類	銅およびその製品	5,625,404	34.6	2.7
第38類	各種の化学工業生産品	4,835,558	25.9	2.3
第71類	真珠、貴石、半貴石、貴金属およびこれらの製品、身辺用模造細貨類ならびに貨幣	3,629,584	73.4	1.8
第73類	鉄鋼製品	2,644,953	12.9	1.3
第34類	せっけん、有機界面活性剤、洗剤、調製潤滑剤	2,187,910	60.2	1.1

（JETRO資料より作成）

企業家の心理は一般社会の空気に影響はされるが、それは判断の一材料に過ぎず、実際の経済行動は必ずしも社会の空気に支配されるわけではない。

世界から中国への直接投資全体では、すでに非製造業が製造業を大きく上回っているが、日本の対中直接投資は依然として製造業が中心である。

製造業では自動車など輸送機械器具、一般

機械器具、化学・医薬などが主力だ。

非製造業の直接投資で近年目立つのは、ハイテクサービスの伸びである。次いで商業サービス、金融保険などが続く。卸売・小売業も、投資額では最大の構成比を続けている。一時ブームだった不動産投資は大きく後退した。

かつて投資先モデルだった上海市は

中国はすでに、国有企業の主軸であった製造業はＧＤＰの構成比では40％ほどに小さくなり、サービス産業が中心となる先進国型の経済構造となりつつある。

もちろん中国の土地代、人件費が上がっているという事情もある。したがって、高付加価値製品メーカーでなければ経営が成り立たない。

だが、環境負荷の小さい産業であれば、たとえば産業用ロボットの工場を積極的に誘致している都市もあるし、まだまだ製造業が投資を引っ張る地域もある。そこが中国の広さでもある。

世界からの直接投資の多かったことでも代表的だった上海市は、かつて上海市をモデルにして中国の都市部を見ると、これからの中国をうかがい知ることができると位

表3　2021年の日本の対中輸入

HSコード品目		金額（千ドル）	伸び率（%）	構成比（%）
総額		185,287,363	12.9	
第85類	電気機器およびその部分品	54,059,472	18.1	29.2
第84類	原子炉、ボイラーおよび機械類	35,195,156	7.1	19.0
第61類	衣類および衣類付属品（メリヤス編みまたはクロセ編みのものに限る）	7,521,997	7.4	4.1
第62類	衣類および衣類付属品（メリヤス編みまたはクロセ編みのものを除く）	6,353,744	0.3	3.4
第39類	プラスチックおよびその製品	5,815,316	15.5	3.1
第94類	家具、寝具	5,745,010	14.7	3.1
第90類	光学機器精密機器および医療用機器	5,597,527	18.8	3.0
第95類	玩具、遊戯用具および運動用具	5,336,977	17.9	2.9
第87類	鉄道用および軌道用以外の車両	4,628,054	26.3	2.5
第29類	有機化学品	4,470,221	33.6	2.4
第73類	鉄鋼製品	4,380,505	15.1	2.4
第63類	紡織用繊維のその他の製品	3,504,498	△ 43.6	1.9
第28類	無機化学品および貴金属、希土類金属	3,329,480	62.3	1.8
第16類	肉、魚または甲殻類、軟体動物もしくは　その他の水棲無脊椎動物の調製品	2,337,050	9.4	1.3
第64類	履物およびゲートル	2,236,336	10.5	1.2
第76類	アルミニウムおよびその製品	2,089,962	25.3	1.1
第42類	革製品、ハンドバッグ	2,057,566	△ 0.8	1.1

（JETRO資料より作成）

置づけられていた。

上海市への直接投資も全体では圧倒的に非製造業が中心だが、日本の直接投資はここでもやはり製造業が多い。中でも目立つのはハイテク製造業であるという点も、他の主要都市と変わらない傾向である。

非製造業ではハイテクサービスへの直接投資が全体を牽引し、卸・小売業、商業サービス、金融保険が健闘しているのも同じような傾向だ。

実験都市上海というかつてのイメージは、上海市への対内直接投資データからは見えてこない。

本物志向が進む中国

2012年、尖閣国有化で日中関係が悪化し、各地で日本企業への攻撃があった直後には在中国日本企業も業績を落とした。だが、現在はコロナによる都市閉鎖の影響は受けるものの流通・サービス業を中心に業績を取り戻している。日本企業の商品・サービス品質は、依然として評価が高い。

よい商品・サービスが、ユーザーに選ばれるのは経済の原則である。

これは日本でも、中国でも、アメリカでも同じだ。政府の力で物が売れたり、売れなかったりするのなら、そもそも中国の国有企業が、あれほど赤字になるはずがない。

政治システムや統治機構がいかなる形であろうとも、国民の需要や嗜好を政府がコントロールすることは不可能なのである。

物が十分に市場へ行き渡らないときには、はじめのうちは品質の悪いものでも売れる。

この段階では、企業業績は生産量に比例する。

中国の国有企業は、この段階での価値観のまま長く経営を続けてきた結果、いま経営が低業績の隘路に迷い込んでいる。

しかし、生産量が伸びて商品が市場に行き渡るにつれ、次第に消費者は品質の違いで物を買うようになる。

消費者は必ず本物志向になるのだ。

産業は、発展の過程で必ず量から質へ転換を余儀なくされる。それは、戦後の日本経済の発展過程を見ても明らかである。

歴史を学ぶことに熱心な中国の指導的立場にある幹部たちは、この事実を知っているはずだ。しかし、日本の発展過程は参考にはなっても解答とはならない。あまりにもサイズが違いすぎるからだ。

筋肉を鍛え、ぜい肉を落とすといっても、100キロを超える体重の人と50キロの人ではトレーニング方法が同じではない。

絶食すれば体重は落ちるが、同時に体力も落としてしまう。その辺を走って痩せようとしても、体の重い人は、膝や足首に負担がかかり怪我の原因となる。

中国のような巨大な国が、経済を量から質に、大きく、急速に、転換した例は世界史にはないのだ。

中国経済の悩みは深いし簡単ではない。しかし、紆余曲折はあれ14億人の国内需要は必ず生活水準の向上とともに成長を続けるだろう。

スマホがなければ生活できない街

中国の都市部は日本よりも早くキャッシュレスで動いていた。

新型コロナの感染拡大前に上海から帰って来た人が、一様に口にしたのが電子決済の広がりぶりだった。上海では、ほとんどの人がモバイル（スマホ）で代金を支払う。現金が流通していないわけではないが、行列のできているレジで現金を出そうとすれば、みんなから怪訝な顔をされかねない。

いま日本で起こりつつあることが、4～5年以上前に中国で起きていた。

上海で現金を持っているのは、外国人観光客くらいだったという。

中国のスマホ決済は、わずか数年ほどの間に起きたことだ。上海事情は、わずかな間に大きく様変わりしてしまうため、毎年定期的に上海を訪れていないと社会の変化に追いつけない。

おそらくいまから2～3年後には、さらに大きく変わっていることだろう。

こうした変化が起きる背景には、中国のＳＮＳ技術（またはサイバー技術）の高さと市場の大きさがあるのはもちろんだが、中国の都市特有の政治的な特徴がある。

上海は、概して産業の変化に対する自由度が高い。とりあえずやらせてみて、問題が起きたら取り締まる。「ＳＡＮＤＢＯＸ（自由に行動できる場所）」「臨床経済」の街といっても過言ではない動きが、臨床医学同様に中国経済の新しい牽引力となりつつあることに、世界は目を凝らす必要があるだろう。

国立情報学研究所の岡田《おかだ》仁志《ひとし》准教授によれば、いま日本でも増えている自転車シェアリングの中国における普及でも、北京や深圳《しんせん》が政府主導であったのに対し、上海や広州ではマーケット主導で自然発生的に拡大したという。

上海という都市は、中国国内でも政府の干渉がゆるく、企業の自由度が比較的高い。企業家は儲かるとなれば、積極的にスマホ決済を導入する。上海では、そのためのインフラは十分整っているので、システムは一気に広がる。

岡田准教授によれば、中国政府は都市によって規制の程度に差を設け、安定・発展・革新のバランスをとっているのだという。

中国国内での買い物は、ＱＲコードによるスマホ決済が主流で、数年前の統計でもスマホ決済が急拡大していた。都市部でのスマホ決済は80％程度に及ぶのではないか。ここまで電子マネーが普及すると、現金決済のほうが珍しいことになる。
上海で起きていた現象がやがて日本でも日常化する日は近い。

あっという間に追い越された電子マネー大国日本

中国で代表的な電子マネーは「アリペイ（支付宝）」と「ウィチャットペイ（微信支付）」だ。

アリペイはアリババグループ（阿里巴巴集団）が発行している。アリババグループとは中国のIT企業で、企業が適切な取引先を探し求めるために利用する電子商取引マッチングサイトの運営や、中国国内の個人向け電子商取引サイトなどを運営している。

アリペイは2003年にサービスを開始した。会員数は中国国内で最大といわれる。過去には、「中国Yahoo!」の運営も行っていたが、バイドゥ（百度）やソーフー（捜狐）、シンラン（新狼）など国内の大手ポータルサイトとの競合に敗れたかっこうで2013年9月に閉鎖した。

もうひとつの電子マネー、ウィチャットペイは、テンセント（騰訊）が運営・管理している。上海ではアリペイ、深圳ではウィチャットペイと、都市によって普及度が異なるのも中国の特徴だ。

アリペイにせよ、ウィチャットペイにせよ、中国で銀行口座を開かなければ使えない。外国人は簡単に中国の銀行に口座を持てないので、中国の都市部で生活すると思わぬ不便を強いられることとなりそうだ。

2015年段階では、日本の電子マネーの年間利用額は399億ドルと、世界で一番電子マネーが普及していた。「おサイフケータイ」や、スマホで改札を通れる「モバイルSuica」は大分以前から日本国内で見られていた風景である。

それからわずか2年、2017年に日本銀行は、日本のスマホ決済の利用率は支払い行動全体の6・0%であるのに対し、中国の都市部では98・3%という調査結果を発表した（「モバイル決済の現状と課題」日本銀行）。

日本全体と中国都市部を比較した利用率であるため、単純に数値の差で両国のスマホ決済の普及度について言及することはできないものの、中国の急激なモバイル化のスピードには驚きを禁じ得ない。

電子マネー大国、中国

電子マネーと銀行口座はつながっているため、電子マネーを追いかけていけば、誰が、いつ、どこで、どれだけのお金を使ったかのみならず、資産の残高についても捕捉することが可能だ。

電子マネーで商取引すれば、売り買いの記録もすべてサイバー空間に残る。

日本ではマイナンバーを商取引や個人の年金の管理や税金の支払いに利用しているが、まだ個人の金融機関の口座とはつながっているケースは多くない。

中国では電子マネーが普及することで、当局がやろうと思えばすべての企業や個人のお金の動きをネット上で監視することが可能となっている。最終的に、どこの銀行の口座に入ったかまで当局に分かるので、ごまかしようがない。

電子マネーの利便性は、政府にとっても有利なことがあるのだ。

税務当局にしても、その他の監視当局にしても、電子マネーの管理運営をしている企業が記録を提供してくれれば、いちいち法人・個人を追いかける手間が省ける。

中国の電子マネーが世界中で決済に使われるようになれば、世界中の金融情報が中国に集まるということも起こり得ることだ。中国のねらいがその辺りにあるとすれば、壮大な計画と言わざるを得ない。

マイクロソフト社のOS「ウィンドウズ」は世界的に広がっている。アップルのOSもそうだ。いずれもアメリカの企業である。

アメリカ企業のOSが、世界中で使われていることはサイバー戦略上、アメリカはダントツに優位な状況にある。

中国発の電子マネーが、世界中で使われるようになれば、コンピューターのOSと同様、あるいはそれ以上の状況になる可能性はある。

中国はノーベル賞の不毛地帯か

中国人には、サッカーで日本に負けていることや、ノーベル賞受賞者の少ないことを嘆く人がいるという。逆に日本ではノーベル賞受賞者が、中国や韓国より多いことを誇らしげに語る人がいる。

日本のサッカーが中国より強いのも、ノーベル賞受賞者が多いのもけっこうなことである。こうした自慢している人本人とは何の関わりもないことに、感情を高ぶらせるのも日本人の「帰属意識」が高いからであろう。

サッカーが弱い、ノーベル賞受賞者が少ないと嘆く中国人も同様に帰属意識が高いのだ。お互い国を愛する心を否定することはできない。

たしかに中国のノーベル賞受賞者は、世界的に見ても少ないほうだ。世界第2位のGDPの国にしては少なすぎるように思える。

多くのノーベル賞は、研究者が20代から30代の若い頃に発見、開発したことを何十年とかけて検証し、研究成果としてまとめたものが評価され、授賞対象となる。ノーベル賞には、発見・開発から受賞までの長いタイムラグが必要になるのだ。

日本人受賞者を見ても、青色発光ダイオードでノーベル物理学賞を受賞した中村修《なかむらしゅ》二《うじ》氏が、青色発光ダイオードを開発してから受賞までには、20年以上の歳月がある。研究にとりかかってからは、さらに長い年月を経ている。

iPS細胞の山中伸弥《やまなかしんや》氏のように、開発から受賞までの期間が短いというケースもいくつかあるが、概ね20年から30年が、ノーベル賞のリードタイムなのだ。

日本のノーベル賞は2000年代から急増

日本のノーベル賞受賞者（日本出身者を含む）は、1949年の湯川秀樹《ゆかわひでき》博士から2021年の真鍋淑郎《まなべしゅくろう》プリンストン大学上席研究員まで29人だ。

そのうち'90年代までの受賞者は8人、残る21人は全員2000年以降の受賞である。戦後から55年間で8人、2000年から'21年で21人であるから、2000年以降に急増していることは明らかだ。

ノーベル賞のリードタイムからいえば、'70年代から'80年代以降の発見や開発が20

00年代になって評価され受賞に至ったということになる。

'70年代から'80年代以降というのは、日本の高度経済成長期が終わり、大量生産から次のステージに移っていった時代である。この時代に発見され、開発されたものが2000年代になって花開いたということだ。

科学研究は、研究設備など環境が大きな影響を持つ。社会的なインフラが十分に整わないうちは、研究は進まない。アイデアは優れていても研究は進まない。

日本の'60年代は、科学者にとってはそういう不利な時代であったのだろう。2000年代に、日本人のノーベル賞受賞者が増えたのは、その前の'70年代から'80年代に、社会的なインフラと経済的な環境が整ったことに、その理由を求められるように思う。

翻って中国は、いま日本の'70年代から'80年代にあたる。中国のノーベル賞受賞者は、2040年代から増えはじめるのではないか。

現在のノーベル賞受賞者が少ないことをもって、中国の科学や文学面が日本よりも劣っていると見て優越感に浸っているようでは、あまりに大局観がない。日本の将来が心配になる。

お互いが切磋琢磨してこそ人類の発展につながる

何年か後に日本が後ろを振り返れば、ノーベル賞候補の中国人研究者のグループが、列をなして走っているかもしれない。

愚者は実を見て実を思い、賢者は実を見て樹を思うという。日本のノーベル賞は、'70年代から'80年代の仕事がいま評価されている。過去の評価は日本のほうが上だが、将来の評価は果たして日本がリードし続けることができるのか。

我々は謙虚に足元を見なければならない。

現在の日本は、大学の研究予算に傾斜をつけようとしている。あまり有望と見られない研究の予算を削り、より有望な研究に予算を集中しようとしている。予算に限りがあるのなら、思い切って中国と共同研究、共同開発に踏み切るのもひとつの道ではないか。

研究成果の流出を恐れるよりも、研究が進まないことを恐れるべきである。

日中の共同研究によってお互いに切磋琢磨し、やがて人類全体に貢献する研究成果をあげれば、ノーベル賞を共同受賞するときが来るかもしれない。

第5章

理想論を失うことなく
中国の大問題を考える

日本と中国、日本と世界の未来を考えるとき、そこに理想がなければならない。現実論だけで未来を語るのは不毛だ。未来は常に理想と共にある。

中国の未来には「中華民族」による民主国家がある。しかし、巨大な人口国家がそこに行き着くまでには、数々の困難を乗り越えなければならないだろう。

未来を担う人々は理想論を失うことなく、日本と中国の大問題を考えるべきである。

普通の国に向かうための生みの苦しみ

中国はいま、ひとつの山にさしかかっている。この山を越えない限り、次のステージは拓けない。

中国政府は、統計法を厳格化した。いま中国の数値はこの法制度と厳しい運用によって取り締まられている。

中国の統計は、従来から日本やアメリカなどの経済先進国に信憑性を疑われていた。地方のトップである党幹部が、自分の評価を上げようと、実績の水増し、あるいは数字の操作をしているため、正確な数字が出てこないからだ。

こうした状況は長く続いていたが、これでは中央政府も正しい国家としての判断ができない。粉飾統計数値で国内経済を判断すれば、一国だけでなく、いまや世界を危うくする恐れさえある。

あたかも計器の壊れた飛行機を操縦しているようなものだ。そこで、中国政府はついに統計法の厳格化に踏み切った。

正しい数値を求めるということは、中国の地方の実態がかなり公表されている数値とは異なり、赤字状態にあるのではないかと、だれもが恐れる事態へ突き当たりかねない。

GDP世界第2位も、水増しした結果ではないかと疑問視する声さえ日本にはある。

日本にとって、地方自治体が現状の経済数値を正しく出すというのは、当たり前のことで、そんな当たり前のこともできないのかと呆れる人もいる。

しかしそう主張する日本の人たちは、自分の成績がよかろうと、悪かろうと、同じように正直に上司へ申告しているだろうか。

組織の中で働いている人は、その成績によって評価され、昇進・昇格・給与が決まる。成績次第では責任を問われることもある。

中国の地方政府は、先述したようにいわば事業会社であり、地方の幹部はその事業会社の経営者に当たる。

日本の地方自治体では、その地域の経済状況は、もっぱら民間企業活動によるもので、地方自治体の力の及ぶ範囲には限りがある。

しかし中国では、地方の行政トップは結果責任のある経営者だ。

日本の地方自治体は中央政府から評価される立場ではない。予算をもらうために、中央政府の顔色をうかがうことはあっても、信賞必罰の権限が中央にあるわけではない。しかし中国は、中央が地方の幹部を評価する。

営業所長が、営業成績を少しでもよく見せるように、期末に売り掛けを増やすのは日本でもよく見かける光景である。

中国は規模の大きな中小企業

私は伊藤忠《いとうちゅう》商事の社長時代に、巨額の不良資産を一気に処理したことがある。

各事業部に不良資産をすべて報告せよといっても、なかなか出てくるものではない。責任は社長がとる、君たちに責任を問うことはしない。ただし、この上なお不良資産を隠し続けるようなら、厳しく処分すると言ってやっと少しずつ不良資産が報告されはじめる。

私の経験からいっても、法律で厳しく取り締まるからといって、すぐに統計数値が透明化されるとは考えづらい。業績結果に責任を負う人は、統計の採取に関わらないというシステムを強化したほうが有効だろう。

それでも、まず現状をつかむということが、経営のはじめの一歩、定石であることは間違いない。中国は少しずつではあるが、「健全経営」に向かって歩みを進めつつあるように見える。

過去に現場を体験している習近平は、現場と現実を知らないままで経営をするような、愚かなトップではないということである。

中国は世界第２位の経済規模を誇る大国である。しかし図体だけが大きく育ってしまった人のようでもある。企業でいえば規模は大企業だが中味は中小企業のままだ。

中国の昔の中小企業には、３つの決算書があったという。

ひとつは正しい決算書、もうひとつは銀行用に業績をよく見せた決算書、３つめは税務署用に利益を抑えた決算書である。この３つを目的に応じて使い分けていた。上に政策あれば下に工作ありだ。

日本の中小企業には、今も昔も一応経営判断のための正しい決算書はある。だが、中国ではどれが正しい決算書かわからなくなってしまう危険性がある。

中小企業は概して会計が甘い。中小企業でも、力のある会社は業績が急拡大する。業績がよいから、資金繰りにもあまり苦労しない。トップにカリスマ性があるから、多少、待遇に不満はあっても社員は黙って従う。

経営上、金に困らないから会計を学ぶ必要もないまま大福帳で済ませてしまう。だが、企業規模が大きくなれば、企業の信用を上げ、ブランド価値をつくろうと株式上場も考える。ところが、上場準備を始めてみたら、いたるところで管理システムが存在しなかったり機能もしていないことが判明する。

これでは、規模と業績では十分に上場基準に達していても、管理システムで基準を満たせない。このままでは上場は不可能であり、企業の発展さえ覚束ないことに慄然とする。

中国ではいまも地方に、こういう中小企業タイプが残っているはずだ。

もう一段ステージを上げるためには、世界から信用されなくてはならない。いくら一帯一路で中国を中心とした経済発展の構想を描いても、中国企業の9割を占める小型企業に信用がなければ、中国がアジアで発展の中心を占めることはできない。

アジアの中心的地位が得られなければ、中国がさらに発展成長する道はないのだから、ある意味では統計数値の厳格化は、軍事力を拡大することよりも重要な政策といえる。

中国のトップは地方からのたたき上げ

中国には、中国ならではの強みもある。それは中国のトップは、地方からたたき上げてきた体験を持つ実力者が多いということだ。地方から上がってくる以上、多くの有力者は相応の実績と苦労を経験している。誰がトップになるにせよ、いわばクオリティに大きな差は生じない。

この点でも、中国の統治機構は官、民よく似ている。

一方、民主主義の日本では、そうはいかない。日本政府のトップは与党政党から選ばれる。政党が与党になれるか否かは選挙次第だ。

選挙の結果によっては、ほとんど政治経験のない素人が政治家になることもあるし、政治経験のない人々の集団が政権与党になることも起こり得る。極論すれば、素人が突然、国のリーダーになってしまうハプニングが、民主制度にはあり得るということだ。

中国のトップは、企業でいうアサインメント（責任をもって任される課題）をいくつも経験し、小さな組織のリーダーから、次第に大きな組織のリーダーへと経験を積んでいく。

こうした経験を重ねている以上、日本のリーダーに比べれば、必然的に、中国のリーダーのほうが修羅場をくぐってきた数は多いということになる。

日本が中国以上の力を持つためには、日本はリーダーを育てる仕組みを考え直すことと、政治家を選ぶ国民の眼力を上げるしかない。

国際社会の中で果たすべき責任・役割

先述したとおり、日本国内では「一帯一路」に対して概して批判的だ。中国が強大化するための一端と捉えられることが多く、脅威のひとつとして伝える報道ばかりが目立つ。

たしかに一帯一路は、中国にとって発展成長の大きなファクターであることに間違いない。しかし、それが日本にとっての脅威と決めつけるのは、私は必ずしも正しい評価とはいえないと考えている。

福田康夫元総理は、産経新聞の「単刀直言」（2018年7月4日）欄で一帯一路について「他国と協調し、利益を共有していかないと『一帯一路』構想は完成しない。そうした方針で中国は外交を進めている」と述べ、一帯一路を拡張主義ではなく、各国と経済共同体をつくる試みであるとしている。

一帯一路のコース上にあるASEAN諸国は、21世紀の世界経済のエンジンになると見られている。

ＡＳＥＡＮはインド洋と太平洋を結ぶ位置にある。この地域の経済開発が、21世紀の世界経済にとって最も重要であることは疑いない。

アフリカ大陸も、未来の世界を考える上では重要だが、ＡＳＥＡＮは、いま我々の目の前にある。

この地域でだれが主役になるかによって、今後の世界経済の様相が変わる。

日本にとって一帯一路構想は、そういう経済的な影響という意味では、たしかに脅威かもしれない。

日本も大いにこの地域の経済開発に尽力するべきである。

しかし、日本では一帯一路を、軍事力をからめた地域支配と捉えて語る論評が多い。

あたかも軍事力をもってＡＳＥＡＮを支配下に置き、世界経済のヘゲモニーを取るのが一帯一路構想の正体であるかの如く伝えるメディアもある。

福田元総理はこうも言っている。

「中国そのものが急速に変わったことで、国際社会の中でなすべき責任、役割も当然のことながら大きくなった。中国はそれを十分認識し、当然その責任を負わなければならないし、またそれは世界全体の安定に資するものでなければならない。ＡＩＩＢの組織や、一帯一路の推進はその線上にある」（『日本と中国』２０１８年９月１日）。

習近平は、いまさら中国経済圏などという時代遅れのブロック経済を考えてはいないだろう。経済はすでにグローバル化している。

グローバル化の是非はともかくとしても、世界を呑み込むこの大きな流れに抗うことは不可能だ。

一国至上主義や民族主義を唱えるのは、グローバル経済という巨大な流れの中で、逆方向に泳ぐようなものである。

経済の原則とは、「他国の発展が自国の発展、自国の発展は他国の発展」だ。伊藤忠商事の創業者伊藤忠兵衛《いとうちゅうべえ》の「三方よし」や「利益三分」が、経済政策の基本である。

99年間の港湾租借

自国の発展は他国の発展であり、他国の発展が自国の発展となる。つまり、一国の発展は「他国の発展」と連動するものでなければならない。

私は、習近平の掲げる一帯一路構想は、大きなところではASEAN諸国が経済発展し、その結果、中国がこの地域の経済的中心となり、リターンを得ることに主眼があると考えている。

世界経済を牽引するリーダーとなることは、その次の段階だ。

だが2018年1月に、一帯一路のねらいがやはり中国の地域支配ではないかと疑われる事案が生じた。

スリランカが、中国の融資で建設した南部ハンバントタの港の管理運営権を、99年間の期限で中国に譲渡したのである。

スリランカが港の管理運営を中国に譲渡したのは、港の経営が思惑どおりにいかなかったためだ。中国から受けた融資に対する返済の見とおしがつかないため、代わりに港の管理運営権を譲ったのである。

譲渡額は11億2000万ドルという。

この事実から、日本の一部メディアは「一帯一路のねらいは、ASEAN地域のインフラを支配し軍事拠点化することにあるのでは」という懸念を報じた。

だが、港湾を実際に管理運営するのはHIPG（ハンバントタ・インターナショナル・ポート・グループ）である。中国は株式の70％を譲渡されたから、同社が中国の支配下にあることは間違いないが、日本におけるアメリカ軍基地のような「地位協定」があるわけではない。

ＨＩＰＧは中国系外資企業となっても、スリランカ国内の法律で監督される。中国が勝手にハンバントタ港を中国の軍港として使うことはできない。もし軍港として使うのであれば、中国政府とスリランカ政府の間で何らかの安全保障条約が結ばれることが前提で、条約で港使用の規定を盛り込むことが必要だ。

スリランカのハンバントタ港への中国の融資は、明らかな失敗融資だったとはいえるものの、それが初めから軍事的な戦略だったというのは、いささか中国を買いかぶりすぎではないか。

もちろん意地悪く見れば、ハンバントタ港の譲渡は借金のカタに港を差し押さえたように見ることもできる。

しかし、こうした動きが４年も続いた２０２２年には逆転し、中国にとっては元の木阿弥《もくあみ》状態になろうとしている。深刻な財政危機により政治経済ともに不安定なスリランカでは、港湾の運営でも今後ひと波乱、ふた波乱あるかもしれない。

融資先を子会社にするのは珍しくない

日本でも融資先の企業が返済不能な状態になったとき、その企業に再建の見通しがあれば融資した銀行が支配下に置くことはよくある。

企業間でも、取引先の経営危機を救うために融資をすることがある。その融資が焦げ付きそうになったときには、融資先を子会社化して再建を目指すことも珍しくない。

借金のカタに港を押さえたという「中国高利貸し論」も見方として偏っている。

戦前は修身の教科書に載っていた二宮尊徳《にのみやそんとく》（金次郎《きんじろう》）は、江戸時代末期の篤農家であり、農村再建のエキスパートであった。

戦後もしばらくは、全国の小学校の校庭に薪を背負って本を読む二宮尊徳の少年時代の像があった。

二宮尊徳は、私財をなげうって破産寸前の農村の再建に尽くした。

あるとき、商家の下女が尊徳に救済を求めてきた。実家の生活が窮しているのか、本人が暮らしに困っているのか、尊徳に金を無心したのである。

尊徳は金を貸した。

与えたのではない。貸したのである。下女は、元金に金利を添えて返さなければならない。とても金利までは返せないと下女は思ったが、尊徳はこう言った。

「お前の奉公先では飯を炊くとき薪を燃やすだろう。わしが少ない薪で飯を炊く方法を教えてやる。そうすればお前の家は薪が余るはずだ。その余った薪をわしが買ってやる」

その薪代で借金を返せばよい、尊徳の金貸しとはこういうことである。この二宮尊徳の金貸しと中国のハンバントタ港への融資は、どれだけ違うのであろうか。日本人で二宮尊徳のことを「借金のカタに下女を支配下に置いた」と批判する人はいない。だが、相手が中国となると、とたんに見方が変わる。

途上国への融資にはリスクが伴う。

ハンバントタ港の焦げ付きのようなことは、一帯一路を進める中で今後も続くだろう。中国がハンバントタ港の譲渡を受けたのは、たとえ焦げ付こうとも中国が引き受けるという意思表示と取ることもできる。

これは融資先の国々にとって心強いことである。

一帯一路は単なる国民受けをねらった国内安定の政策だけではなく、習近平の本気の政策であることがハンバントタ港の譲渡から見えてくる。

中国は世界不況の震源地となるか

世界経済は、何度かの世界同時不況に襲われている。

一国の経済が、世界の経済とリンケージするようになって久しい。インターネットがそうであるように、世界経済もネットワーク化しているのだ。

かつて一地域のエンデミック（風土病）だったウイルス感染症が、文明の発展と共に世界で蔓延するパンデミックへと急拡大するように、世界経済も一国の小さな波紋が世界に大きく広がりかねない時代となったのである。

世界経済が打撃を受けた例では、戦前は何といっても１９２９年の「世界恐慌」である。ニューヨーク市場の株価暴落からはじまった世界恐慌は、結局、第２次世界大戦まで続いたという説もある。

戦後では１９７１年のドルショック、１９７３年のオイルショック、近いところでは２００８年のリーマンショックなどがある。このうち、オイルショックを除けばすべてアメリカ発だ。それは、アメリカ経済が世界経済の中心であることの証左ともいえる。アメリカ発のイノベーション、アメリカ発の不況も、また多い。

20世紀は、アメリカが世界経済の主役であったことは明白だ。

だが、21世紀にはEU、中国という二極が加わっている。世界経済の一極を占める中国経済の悪化は、中国国内だけの問題では終わらない。中国の不況は、世界経済に景気後退をもたらすだけの影響があるのだ。

したがって今後、中国発の世界不況が起きることは十分にあり得る、いや確実にあるといってもよい。

2015年から2016年初頭にかけて、中国で「チャイナショック」といわれる株価の急落があった。

まず2015年6月に上海市場の急落が起きた。リーマンショック後の最高値を付けた翌日から株価が下落を続け、3週間でピーク時の3割以上下落した。

その翌々月、8月には政府が20年ぶりに人民元の大幅な切り下げを実行。そのため株価は急落、世界の為替市場と株式市場が混乱した。

翌年2016年の1月は、前年の12月に発表された「製造業購買担当者景気指数」が市場の予想を下回ったことで、上海株式市場が暴落、世界は中国の株式市場の不安定さに懸念を抱くことになる。

チャイナショックで世界の金融市場は、中国が大きな影響力を持っていることを中国政府ともども再確認したかっこうだが、中国発の世界不況に至ることはなかった。

中国が成長するための資金

今後、中国経済が拡大を続ければ、いずれ近いうちに上海市場はウォール街やシティと並んで世界を代表する巨大な金融センターとなるはずだ。

世界中の資金が上海に集まるのである。

資金は中国の産業が、次のステージに向かって発展成長するために欠かせない経済の血液である。

世界から多くの資金が投資という形で中国へ流入することは、産業が発展成長するための強力な追い風となる。

一方、金融市場が大きくなるということは、別の問題も生む。

今日の為替市場は、一国の政府の介入では、コントロール不能な規模に膨れ上がっている。上海市場も、このまま成長を続ければ、中国政府のコントロールからはなれて次のステージへと移ることになるだろう。

すでに実態としては、そういう段階に入っているかもしれない。金融市場は、政府のコントロール下から「市場の自治」で運営される段階へと移る。市場の自治を担保するには、市場の適正なルールと正確な情報が必要だ。市場に自治権を与えるということは、一定の自由を与えることになる。

自らが自由を得るということは、他にも自由を与えることを意味するのだ。中国政府としては、あまり歓迎できることではないだろうが、それが世界の金融センターとなる条件だ。

自由の中には、自由に情報を開示するという条件も含まれる。投資家にとって正確な情報は生命線である。中国の「報道の自由ランキング」は、ほぼ最下位といってよい位置にある。

だが、国の体制を理由に社会の動きや経済の状況に関する情報を規制し続ければ、やがて世界の投資家は上海市場からはなれてしまう。

中国金融市場に世界から集まる資金の流入源を失うことは、中国にとっては致命的な打撃となり、なんとしても避けたいことだ。

正確な情報発信は中国の使命

いまや中国経済は、世界経済の主要な原動力のひとつである。

中国の経済危機は、自国のみならず世界に大きな影響を及ぼす。それだけではない。経済は相互に連携しているため、世界経済の後退は再び中国に悪影響となって戻ってくる。

世界中でつながっている経済のチェーンは、順調なときにはプラスのブーメラン効果をもたらすが、逆にマイナスのスパイラルをつくることもあるのだ。

世界同時不況を防ぐためにも、中国は、他の先進国と同様に、必要な情報を正確、かつ迅速に公表しなければならない。

「中国発の世界不況」という事態を招かないためにも、少なくとも金融市場に影響を及ぼすような情報には、規制を緩めなければならなくなる。

中国の情報開示は、こうした「背に腹はかえられない」事情からも進んでいくことが想像される。

中国政府の幹部は歴史を深く勉強している

私には信頼している長年の中国の友人がいる。あるとき私は彼に「中国は、日本の高度経済成長の歴史を勉強して、参考にしてはどうか」と言ったことがある。

返事は概ねこうだった。

「日本と中国では規模が違う。国土は25倍、人口は11倍、インフラ整備も、経済力も、環境、災害、大気汚染、河川汚濁もあらゆる面でケタが違う。一方、財政投資も日本の25倍以上必要となる。日本の規模の資本主義下での高度経済成長に、そのまま従うことはできない」

彼はすでに日本の高度経済成長については、勉強していたのだ。

ではアメリカはどうか、面積は、ほぼ同じだと訊くと「広さは同じでも人口が違う。中国の人口は、アメリカの5倍近い」と、やはり教科書にはならないという答えだった。

中国政府の幹部、党の幹部たちは日本を含めて、よく世界各国の歴史を勉強している。

その彼らが、独裁制から民主制に移っていった国の歴史を知らないはずはない。

アジアで独裁制から民主制に移っていった主な国を見てみると、ひとつの共通項がある。

それは、独裁体制の段階で十分に経済発展を果たした国は比較的混乱なく民主化できているが、経済発展が不十分な段階で民主化を強めた国は、社会が混乱し民主化そのものもうまく機能していないということだ。

敗戦の結果、民主制に変わった日本は例外である。

アジアの独裁国家の民主化プロセス

前者の代表はお隣の韓国であろう。朴正熙《パクチヨンヒ》大統領は、外形上は選挙で選ばれた大統領であるが、独裁体制を敷いていた。朴大統領の経済政策は、後に「漢江の奇跡」と呼ばれるほどの成功をおさめ、韓国は東アジアの経済大国となる。

韓国の民主化は、朴大統領暗殺後、クーデターによって政権に就いた全斗煥《チヨンドフアン》大統領時代に光州事件のような民主化を求める国民と国の衝突はあったものの、その後に就任した盧泰愚《ノテウ》大統領を経て本格化する。盧泰愚大統領の時代とは、戦後初の普通選挙が行われたりソウルオリンピックが開催された頃である。

台湾も戦後長く蔣介石の国民党独裁だったが、西側の一員として経済発展し、経済的に十分安定した'90年代に民主化が進む。

マレーシアのマハティール首相の政治は「開発独裁」と呼ばれたが、韓国やフィリピン、インドネシアとは異なり、むしろ肯定的な捉え方であった。マレーシアは現在も立憲君主制であるが、独裁体制ではない。

開発独裁によってマレーシアも経済が発展成長し、その後民主化が進んだ。マレーシアでも大きな混乱は生じていない。

一方、国が豊かにならないうちに民主化へ舵を切ったフィリピンやインドネシアは、いまだに混乱の余韻を残している。

依然として独裁国家であるのは、中国、北朝鮮、シンガポールである。だが、シンガポールが国際的に独裁国家と非難されたという話は聞かない。

これらのアジア諸国が教えてくれることは、国がある程度豊かであることが、スムーズに民主化へ移行するための必要条件ということである。

世界各国の歴史をよく勉強している習近平が、アジアの独裁国家の民主化プロセスを知らないはずはない。

習近平は本当に独裁者か

習近平を独裁者と見る論調は多い。だが、私の見方は少し違う。

その理由は3つある。ひとつは、直接会ったときの彼の印象が、スターリンのような暴力的な独裁を考えるような人物のそれではなかったからだ。もうひとつは、反腐敗運動である。

たしかに、反腐敗運動を名目にライバルを粛清したという面も感じられなくはないが、反乱を懸念すれば粛清というものは本来こっそりやるものだ。

習近平はすべて公表している。反腐敗運動を大々的にやるということは、自分の力に自信があるからであろう。もし、粛清のための反腐敗運動であるなら、もっと秘密裏にやるはずである。

3つめは、「習近平批判」が中国国内で散発的に表に出てくることだ。習体制のメディア、ネットの取り締まりは江沢民時代より厳しい。習近平が本気で独裁者になろうと思っているなら、反習体制の発言は徹底的に封殺され、外国メディアの目には入らないはずだ。

だが、現実には数は少ないが、我々でもときおり習体制を批判する記事を目にする。

体制批判をある程度許している習近平に、本気で自分を神格化し、独裁者になろうとする意図は感じられない。

中国は東アジアの平和構築を担えるか

北朝鮮は、これまで頻繁に核実験と長距離弾道ミサイルの実験を繰り返し、2017年11月にはアメリカ本土までを射程圏内とする「火星15」を発射、ロフテッド軌道で高度4000キロメートル以上に達し、飛行時間は53分程度であった。

この結果から北朝鮮の長距離ミサイルは、アメリカ本土まで届くことが確認された。その後も北朝鮮は、今日まで中・長距離ミサイルの発射実験を繰り返し、2022年3月、新型ICBM（大陸間弾道弾）「火星17」を発射している。

北朝鮮は2006年に最初の核実験を行って以来、2017年まで6回核実験を繰り返した。そして、現在2017年以来の核実験にいつ踏み切るのか、世界の警戒が高まっている。

世界は、北朝鮮がすでに何発かの核爆弾を持っている、ミサイルの弾頭に搭載するだけの小型化技術もあると見ている。

それまでの北朝鮮のミサイルは、アメリカ本土までは届かない中距離型だったが、2017年の実験によって、北朝鮮は核を持ち、それをアメリカ本土まで運ぶ能力も持ったということになる。あとは核弾頭に、大気圏再突入に耐えられるだけの性能が得られれば、北朝鮮はアメリカ本土を核攻撃できるICBMの保有国ということになる。

北朝鮮の核クラブ入りという悪夢

もし北朝鮮が核弾頭開発を進め、大気圏再突入実験を成功させ、確実な核攻撃力を持ったならば、アメリカにとって選択肢はふたつしかない。

ひとつは北朝鮮を核クラブの一員として迎え入れること。核クラブとは、すでに核保有国として認められている国々のことである。

もうひとつは、核施設の徹底破壊を目的とした先制攻撃だ。北朝鮮とアメリカ軍では、その戦力差はかけ離れている。圧倒的に有利なアメリカ軍は短期間のうちに平壊までを制圧するだろう。韓国軍も戦闘に加われば、さらに短くなるはずだ。

しかし、その間の犠牲は大きい。

北朝鮮はソウルをねらえる位置に、横140キロ、奥行30キロの巨大な帯状の陣地があり、旧式とはいえロケット砲と大砲がおよそ2500基据え付けられているといわれる。

開戦となれば、北朝鮮はすべての砲弾をソウルに向かって発射するはずだ。北朝鮮がよく口にしていた「ソウルを火の海にする」というのは脅しではない。

アメリカ軍が北朝鮮を攻撃すれば、当然、北朝鮮も何発かのICBMをアメリカ本土へ向かって発射する。そのうち核弾頭を積んだミサイルが、一発でも都市部に落ちれば数百万人単位で犠牲者が出る。

当然、日本も狙われる。

ビル・クリントン元大統領の時代に、もし北朝鮮を空爆したならば、アメリカ軍の犠牲は5万2000人、韓国軍は49万人、民間の犠牲は100万人を超えるという被害見積りが在韓米軍からホワイトハウスへ提出された。この被害見積りを見たクリントンは直ちに作戦の中止を決定したといわれる。

このときには、まだ北朝鮮には核ミサイルはなかった。いまは日本を含め、複数の標的を狙えるだけの核ミサイルを北朝鮮は持っているかもしれない。被害はこの何倍にもなるはずだ。

いまのところ、北朝鮮の核はアメリカまで届くところには来ているが、核を確実に爆発させる段階までに至っているとまではいえない。

トランプ政権時の米朝首脳会談は、北朝鮮の核技術開発の抑止には一定の効果があったと思える。

しかし米朝会談以後、トランプ大統領は中国との関税の応酬に気を取られ、新たに就任したバイデン大統領も対中強硬政策とウクライナで手一杯となり、北朝鮮にはほとんど関心が向いていないように見える。

中国は北朝鮮の後見人

朝鮮戦争は現在「休戦中」である。北朝鮮はこれを「終戦」にしたい。

終戦とするためには、休戦協定の調印国であるアメリカ（朝鮮国連軍の代表）、北朝鮮、中国の3ヵ国が終戦協定を結ぶ必要がある。朝鮮戦争では、韓国軍約20万人、アメリカ軍約14万人、国連軍全体で約36万人の死傷者を出した。

中国の発表では北朝鮮軍約29万人、中国人民義勇軍約15万人が犠牲となっている。北朝鮮を国際社会へ引き入れるには、中国の関与抜きでは不可能だ。

終戦協定が成立した後も、北朝鮮は韓国に手を引かれ、中国に背中を押してもらわなければ外へ向かって順調に歩みを進められない。

北朝鮮はすでに世界の国々と外交関係を持っているとはいえ、アジアの大国日本と世界一の大国アメリカとは国交がない。

北朝鮮が、この先どういう体制の下で国が運営されるにせよ、日本、アメリカとの経済交流および国交なくして、国の成長計画を描くことは不可能である。

北朝鮮にとって中国はいまも「中朝友好協力相互援助条約」を結ぶ重要な後見人なのである。

北朝鮮を国際社会へ引き入れるにあたり、日本が役目を担うことができるなら、これに優ることはないが、現状では不可能といわざるを得ない。この役割は、東アジアでは同じ民族である韓国、それに中国しか果たすことができない役割である。

『習近平の大問題』でも私は米朝会談が、この後、順調に推移すると考えるのはまだ早計に過ぎると書いた。交渉では、何らかの紆余曲折が避けがたい。

会談が暗礁に乗り上げたときに、米朝双方に手を差し伸べることのできるのも、また東アジアでは中国しかいない。

ところが肝心の米中は貿易摩擦以来、最悪の関係に陥ってしまい、アメリカは中国敵視姿勢が露骨になった。バイデン大統領は、中国にとって最も触れてほしくない台湾独立に度々触れ、さらに軍事支援まで口にしている。一方、中国もこうしたアメリカの対中敵視姿勢に対し強い態度で抗議を続けている。

世界から信頼を得るチャンス

「強い中国」は習近平主席が国民から支持を得ている理由のひとつだが、米中貿易は日中貿易と同様に新型コロナ後急回復をしている。経済関係ではますます強くなっているのだ。米中関係をオバマ大統領時代に戻すことは可能なはずである。

もうそろそろ、中国がアメリカの言うことに耳を傾け、態度をやわらげてもよいタイミングなのだが、ロシアのウクライナ侵攻でロシア側に付いたように見える中国とアメリカが関係を改善するのはもうしばらく時間がかかりそうである。

だが、中国がアメリカ、北朝鮮の双方を導き、東アジアの平和構築に尽力して、献身的にこの地域の安定に貢献したならば、周辺諸国、および東南アジアの国々も中国に対する警戒感を解くようになるはずだ。

中国には軍事的な野心なしと周辺諸国に信用されれば、その効果は一帯一路計画にも積極的な影響をもたらすだろう。

北朝鮮問題を中国が尽力して平和裏に収めることは、中国が世界をリードする大国となるための大事な通過点である。

中国の周辺諸国や東南アジアの諸国は、まだ中国に領土的野心、軍事力を背景とした地域支配の野心があるやに思っている国が多い。しかし、中国が朝鮮半島の非核化、平和安定に力を尽くす姿を見れば、不信感は薄れ、やがて信頼感も生まれる。

中国が東アジアで信用される大国となれば、自ずとこの地域の安定が強化され、経済的な結び付きも強くなるはずだ。

中国の行く先は普通の大国

世界の先進国といえば、とりあえずG7ということになる。

G7とは、先進国首脳会議の参加国のことで、アメリカ、イギリス、イタリア、カナダ、ドイツ、日本、フランスの7ヵ国である。ロシアが、クリミア問題で参加資格を失うまではG8だった。

中国はG7に、EU、ロシアおよび11の新興国を加えたG20に参加している。

G7は、その顔ぶれを見ればわかるように、欧米の友好国グループである。必ずしも大国とはいえない国もあるが、一応、先進国の目安にはなる。

中国が目指している大国となるには、先進国であることが条件のひとつになることはいうまでもない。先進国であることが大国の必要条件だ。

G7と中国の明らかな違いは政治制度である。

いま世界を自由主義か権威主義かで分ける見方がある。自由主義が欧米諸国で、権威主義が中国、ロシアを指していることは明らかだ。

ロシアといえども国民に選挙権はある。建前としては、プーチンは選挙で選ばれた大統領である。中国の共産党独裁は、経済大国にあっては異例だ。

中国は、経済規模と軍事力ではすでに大国の仲間入りを果たしていると思うが、先進国の仲間に入るには、まだまだ越えなければならないハードルがいくつもある。

民主化と報道の自由は一体

政治制度は、共産党が政権を握っているうちは、急激な変化はあり得ない。

しかし、中国は先進国にならなければ、この先さらなる発展成長は期待できない。さらなる発展成長を果たせなければ、共産党が国民から信頼され、安定的に政権を維持することが難しくなる。

したがって、中国の民主化は必然なのだ。

だが、大きな問題がもうひとつある。

それは中国で自由度、それも報道の自由を拡大することだ。民主化と報道の自由は一体で、報道の自由が制限されたままで民主化が進むことはなく、民主化が進まないのに報道の自由が拡大することもない。

報道の自由度については、「国境なき記者団」が毎年発表している世界の「報道の自由度ランキング」がある。2022年のランキングで中国は180ヵ国中175位であった。ちなみに日本は71位である。

このランキングでは意外に日本は低い位置にある。日本のメディアも、中国の報道規制のことばかりいってはいられない。

中国で広がる日本の文化

いま中国で人気の日本商品は、アニメとコスメといわれる。

中国ビジネスで成功している日本企業は、「イオン」「イトーヨーカドー」などに代表される流通業が多い。

日本人に好まれるものは、中国人にも好まれる。

国民が求めるものが同じであるなら、国が向かう方向も同じになるはずだ。国民が求めるものを国が強引に抑え続けることはできない。

小さな変化だが、日本の出版物はいま中国で大量に翻訳され流通している。

先述した稲盛和夫氏の著書もそうだし、東野圭吾《ひがしのけいご》氏など日本の人気作家の作品も中国国内で人気だという。ある大手出版社の版権担当者に聞くと、その会社では5年ほど前の中国の版権使用料は、年間数百万円程度だったが、いまは数億円規模のビジネスに拡大したという。

もちろん日本の出版物といえども、出版許可が必要で中国当局の検閲を受けている。

しかし、いまは文芸作品中に「尖閣問題」があっても、それを理由に不許可となることは少ないという。「尖閣」を「釣魚島」に変えれば通過するそうだ。とはいえ検閲は社会情況に影響される。逆戻りもあり得ることだ。文芸作品では許されても、政治的なものは一貫して出版が許可されることはない。

規制自体はどこの国でもある。中国ほどではもちろんないが、日本にもある。ただし、日本は政治的、思想的理由で規制されることも検閲されることもない。

いま、日本のアニメやコミック、音楽などのエンターテインメントは、正規ルートの販売量と同程度、あるいはそれ以上にネットに流出した「海賊版」が流通して、関係者を悩ませている。これは著作権の点で大きな問題であり、対応が求められる。

長い目で見れば時代により強弱はあれど中国のネット社会で、国民が求める情報を抑え切ることはできない。

中国の政治体制は、日本や欧米の民主制とは異なる形にせよ、民主化が必然であるように、情報統制も漸次規制を緩めることが先進国になるための通過点である。

共産党の未来は「君臨すれども統治せず」

かつて上海、北京に長く駐在していた日本のビジネスマンが、東京へ帰ってくると空の青さに驚くといっていた。

急成長している国は、どこもみな変化が激しい。中国も変わり続けている。特に都市部の変化はすさまじく、上海などは3年もはなれていると、社会が大きく様変わりしていて戸惑うほどである。

中国は、これからも急速に変わり続けるはずだ。

中国社会も、急速に高齢化が進んでいる。高齢化は先進国に共通する社会問題だ。日本はすでに超高齢化社会の時代に突入しているが、中国も早晩、高齢化対策に本格的に取り組まなければならなくなる。

一方で中国は超競争社会になっている。

「孟母三遷」の国とはいえ、子供に対する教育の過熱ぶりは日本人から見ても、そこまでやるのかと思うほどである。

高等教育を受ける人の数が増えていけば、世界の中で自分たちの権利が制限されていることに気づく人の割合も増えてくる。香港で起きた民主化デモのようなことが広い国土で一斉に起きることはないが、局所的に中国国内で起こる日が来るのも、そう遠くはないだろう。

そこでどういう対応をするかで、今後、中国が世界のリーダーとなり得るかどうかが決まる。経済発展、IT、文化の変革を無視して、強引に民意を抑え込むような行動に出れば、一気に世界の信用を失うこととなる。ここが、中国が真に世界の一極となれるか否かの試練だ。

人類史上初の壮大な社会実験

そういう面でも14億人の大国が民主主義・資本主義体制を構築することは、人類史上初の壮大な実験となるだろう。

権利に目覚めた中国人が増えていけば、いままでのような共産党の一党独裁による統治は次第に難しくなってくることは明らかだ。

しかし民主主義の国家体制が、14億の人々を統治するのにベストではないにせよベターであるかどうかも、だれも自信を持てない。当然である。

歴史上、参考にすべきいくつかの事例はある。しかし、14億の人口の国の参考になるかは疑問だ。たとえば、韓国も民主化するまでには、光州事件をはじめとして、いくつか民衆を犠牲にする衝突があった。

中国の民主化の道のりも、共産党を倒すことでしか実現できないのだろうか。民衆が大きな犠牲を払わなければ、民主制とはならないのだろうか。

だが、中国の200分の1の小さな国の民主化の動きと同じに考えることはできないものの、台湾のように、大きな犠牲を払うことなく民主化した国もある。マレーシアも比較的スムーズに民主化した。中国にも穏健な路線で民主化を探る道はあるだろうか。中国共産党はどのように変われるのだろうか。

ソ連のように内部からの崩壊か、あるいは台湾の国民党のように、ひとつの政党として、他の政党と並んで国民から選挙によって選ばれるという形だろうか。

もうひとつのモデルとして、オーストラリア型があるかもしれない。

オーストラリアの最高権力者は、憲法上はオーストラリア国王（イギリス国王が兼任）である。国王の代理として、国王が任命した総督が現地を統治することとなっている。

しかし実際には、オーストラリアは国民から選ばれた首相が、内閣を組織し行政に当たっているし、立法府である議会も選挙で選ばれた議員で構成されている。

オーストラリアの統治機構は日本と変わりない。

オーストラリア総督は実在こそするが、権力を行使することのない形式的なポジションである。オーストラリア国民は、憲法上の定めと現実の統治に矛盾があることに、それほど大きな問題を感じておらず、憲法は改正されないまま今日に至っている。

こうした各国の経緯と現状は、中国の民主主義・資本主義連邦国家を考える上で参考になるかもしれない。だが、そこに至る道が平坦なものではないことは、容易に想像がつく。

批判するのは簡単だが、人口14億の国の民主主義・資本主義体制への移行は、人類初の壮大な世界的実験である。世界全体の平和と安定のために世界各国が協力し、大国中国と各地域の平和と発展のために〝世界はひとつ〟の理念の下、民族、国家の壁を越え協力しあっていかねばならない。

それが世界を平和に導く本道である。世界と地球の永遠の平和のために、私は心からそう願っている。

おわりに

『習近平の大問題』を出版した2018年は、日中平和友好条約締結40周年でした。

1972年の日中国交正常化が劇的であったためか、6年後の平和友好条約締結の印象は日本国内では薄かったように見えます。同書を出版したときも、国内では40周年関連の大きな動きはありませんでした。2018年といえば、本書でも触れた米朝首脳会談や西日本豪雨のほうが印象強く残っています。

戦後の日中関係は、1972年に田中角栄総理（当時）が訪中し、周恩来首相（当時）と共に日中国交正常化の共同声明を発表したときから大きく動き出しました。パンダが上野動物園に来たのは、国交正常化の共同声明の1ヵ月後です。

その後、日中の交流はスポーツ・文化を通じて深まっていきますが、毛沢東主席の死後の中国国内の政変もあってしばらく停滞します。その停滞を破って、いつまでも国際条約のない宙ぶらりんな状態のままではいけないと、1978年日中平和友好条約の締結を政治的に前進させたのは福田赳夫《ふくだたけお》総理（当時）でした。

日中平和友好条約の締結も歴史に残る立派な功績と思います。

毛沢東、周恩来、田中角栄、福田赳夫と偉大な先人たちの遺した実績は、ときの流れと共に50周年を迎え、やがて100周年となっていくでしょう。

しかし先人たちの後を引き継いだ者たちに、この歳月と同様の積み上げがあるかと考えると、実に心もとない思いがします。

先人たちは、今日でいうグローバライゼーションの重要さを理解していました。

毛沢東、周恩来には、中国の発展のためには自国やソ連だけの力では不可能で、グローバルな協力関係が必要であること、そのためにアメリカと日本の協力が必要という現実的な判断があったと思います。

田中角栄、福田赳夫両総理も、日本が21世紀も発展を続けるためには、中国との関係回復は欠かせないという思いだったのでしょう。ですから、国内には中国との国交に強く反対する勢力があったにもかかわらず、勇気を持って日中国交正常化の共同宣言、そして平和友好条約の締結へ踏み出したのだと思います。

いま私たちは、環境的にこそグローバライゼーションの真っただ中にいますが、意識や認識、先見性や大局観ではこうした先人たちに及ばないのではないでしょうか。

日本はすべてで中国に追い抜かれたわけではありません。依然として日本には、日本ならではの優位性があります。しかし、日本の優位性は中国・ASEANという巨大な経済エンジンと一体となることで、より大きな力を発揮するはずです。

いまの中国の課題は、世界からの信用・信頼を高めることにあります。信用・信頼を得るための基本はビジネスでも、言ったことをやる、公平・公正、すなわちフェアであることに尽きます。

中国もガバナンスを含め、官民ともに少しずつ世界標準に合わせていかなければならなくなるでしょう。それは情報公開のみならず、企業間の競争やマネジメントの分野でも同様です。そこでは日本の経験や実績が役に立つはずだと思います。

日本で起きたことがいま中国でも起きているし、いま日本で起きていることは、やがて中国でも起きることです。

一方、欧米人には中国のことが理解しづらい。

世界的に中国の信用・信頼を高めるには、ときには日本が欧米人にわかるような形で中国の情報を発信する役割を担ってもよいのではないだろうか。

もうあまり時間は残っていません。

世界の価値観は大きく変わっています。日本はいま新しい価値観に舵を切らなければ、世界から置き去りにされるかもしれません。

私の経営者としての勘が、そう警告を発しています。

著者

参考文献

『石橋湛山著作集3』鴨武彦編／東洋経済新報社
『決定版ビットコイン&ブロックチェーン』岡田仁志／東洋経済新報社
『ニューステーション戦場記者の10年』川村晃司／全国朝日放送
『令和3年版　防衛白書』防衛省
『外交青書2020(令和2年)版』外務省
『21世紀の資本』トマ・ピケティ／山形浩生　守岡桜　森本正史訳／みすず書房
『世界国勢図会　2021／22』矢野恒太記念会
『代表的日本人』内村鑑三／鈴木範久訳／岩波書店
『完全なる人間』アブラハム・H・マズロー／上田吉一訳／誠信書房
『孟子』金谷治／岩波書店
「地域・分析レポート」JETRO

取材にご協力いただいた方々(敬称略)
阿古　智子　東京大学大学院教授
岡田　仁志　国立情報学研究所准教授

川村　晃司　テレビ朝日コメンテーター
豊田　直　在中国エンターテインメント・コーディネーター
李　小牧　作家
小沢　一郎　衆議院議員
鳩山　由紀夫　元総理大臣
福田　康夫　元総理大臣
言論ＮＰＯ
ＪＥＴＲＯ海外調査部中国北アジア課

本書は『習近平の大問題』（東洋経済新報社　２０１８年）に大幅な加筆修正を加え、特にはじめにと序章は新たに文庫用として書き下ろした。

|著者| 丹羽宇一郎　1939年、愛知県生まれ。元伊藤忠商事株式会社会長、元中華人民共和国特命全権大使。名古屋大学法学部を卒業後、伊藤忠商事に入社。'98年、社長に就任。'99年、約4000億円の不良資産を一括処理し、翌年度の決算で同社史上最高益（当時）を記録。2004年、会長に就任。内閣府経済財政諮問会議議員、内閣府地方分権改革推進委員会委員長、日本郵政取締役、国際連合世界食糧計画（WFP）協会会長などを歴任し、'10年、民間出身では初の中国大使に就任。現在、公益社団法人日本中国友好協会会長、一般社団法人グローバルビジネス学会名誉会長、福井県立大学客員教授、伊藤忠商事名誉理事。著書に『仕事と心の流儀』『社長って何だ！』『部長って何だ！』『会社がなくなる！』（以上、講談社現代新書）、『考えて、考えて、考える』（藤井聡太氏と共著、講談社）など多数。

民主化《みんしゅか》する中国《ちゅうごく》　習近平《しゅうきんぺい》がいま本当《ほんとう》に考《かん》えていること

丹羽《にわ》宇《う》一郎《いちろう》

講談社文庫

定価はカバーに
表示してあります

2022年９月15日第１刷発行

発行者——鈴木章一
発行所——株式会社　講談社
東京都文京区音羽2-12-21　〒112-8001
電話　出版（03）5395-3510
　　　販売（03）5395-5817
　　　業務（03）5395-3615

Printed in Japan

KODANSHA

デザイン—菊地信義
本文データ制作—講談社デジタル製作
印刷———株式会社KPSプロダクツ
製本———株式会社国宝社

ISBN978-4-06-529318-8

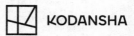

講談社文庫刊行の辞

二十一世紀の到来を目睫に望みながら、われわれはいま、人類史上かつて例を見ない巨大な転換期をむかえようとしている。

世界も、日本も、激動の予兆に対する期待とおののきを内に蔵して、未知の時代に歩み入ろうとしている。このときにあたり、創業の人野間清治の「ナショナル・エデュケイター」への志を現代に甦らせようと意図して、われわれはここに古今の文芸作品はいうまでもなく、ひろく人文・社会・自然の諸科学から東西の名著を網羅する、新しい綜合文庫の発刊を決意した。

激動の転換期はまた断絶の時代である。われわれは戦後二十五年間の出版文化のありかたへの深い反省をこめて、この断絶の時代にあえて人間的な持続を求めようとする。いたずらに浮薄な商業主義のあだ花を追い求めることなく、長期にわたって良書に生命をあたえようとつとめるところにしか、今後の出版文化の真の繁栄はあり得ないと信じるからである。

同時にわれわれはこの綜合文庫の刊行を通じて、人文・社会・自然の諸科学が、結局人間の学にほかならないことを立証しようと願っている。かつて知識とは、「汝自身を知る」ことにつきていた。現代社会の瑣末な情報の氾濫のなかから、力強い知識の源泉を掘り起し、技術文明のただなかに、生きた人間の姿を復活させること。それこそわれわれの切なる希求である。

われわれは権威に盲従せず、俗流に媚びることなく、渾然一体となって日本の「草の根」をかたちづくる若く新しい世代の人々に、心をこめてこの新しい綜合文庫をおくり届けたい。それは知識の泉であるとともに感受性のふるさとであり、もっとも有機的に組織され、社会に開かれた万人のための大学をめざしている。大方の支援と協力を衷心より切望してやまない。

一九七一年七月

野間省一

講談社文庫　目録

講談社文庫　目録

いわさきちひろ 絵本美術館編　ちひろのアンデルセン〈文庫ギャラリー〉
いわさきちひろ 絵本美術館編　ちひろ・平和への願い〈文庫ギャラリー〉
石野径一郎　新装版ひめゆりの塔
今西錦司　生物の世界
井沢元彦　義経幻殺録
井沢元彦　光と影の武蔵〈切支丹秘録〉
井沢元彦　新装版猿丸幻視行
伊集院　静　乳房
伊集院　静　遠い昨日
伊集院　静　夢は枯野を〈競輪躁鬱旅行〉
伊集院　静　野球で学んだこと　ヒデキ君に教わったこと
伊集院　静　峠の声
伊集院　静　白秋
伊集院　静　潮流
伊集院　静　冬の蜻蛉《とんぼ》
伊集院　静　オルゴール
伊集院　静　昨日スケッチ
伊集院　静　あづま橋
伊集院　静　ぼくのボールが君に届けば

伊集院　静　駅までの道をおしえて
伊集院　静　受け月
伊集院　静　坂の上のμ〈野球小説アンソロジー〉
伊集院　静　ねむりねこ
伊集院　静　新装版三年坂
伊集院　静　お父やんとオジさん(上)(下)
伊集院　静　ノボさん(上)(下)〈小説　正岡子規と夏目漱石〉
伊集院　静　機関車先生〈新装版〉
いとうせいこう　我々の恋愛
いとうせいこう　「国境なき医師団」を見に行く
井上夢人　ダレカガナカニイル…
井上夢人　プラスティック
井上夢人　オルファクトグラム(上)(下)
井上夢人　もつれっぱなし
井上夢人　あわせ鏡に飛び込んで
井上夢人　魔法使いの弟子たち(上)(下)
井上夢人　ラバー・ソウル
池井戸　潤　果つる底なき
池井戸　潤　架空通貨

池井戸　潤　銀行狐
池井戸　潤　仇敵
池井戸　潤　BT'63(上)(下)
池井戸　潤　空飛ぶタイヤ(上)(下)
池井戸　潤　鉄の骨
池井戸　潤　新装版銀行総務特命
池井戸　潤　新装版不祥事
池井戸　潤　ルーズヴェルト・ゲーム
池井戸　潤　半沢直樹1〈オレたちバブル入行組〉
池井戸　潤　半沢直樹2〈オレたち花のバブル組〉
池井戸　潤　半沢直樹3〈ロスジェネの逆襲〉
池井戸　潤　半沢直樹4〈銀翼のイカロス〉
池井戸　潤　花咲舞が黙ってない〈新装増補版〉
石田衣良　LAST[ラスト]
石田衣良　東京DOLL
石田衣良　てのひらの迷路
石田衣良　40《フォーティ》　翼ふたたび
石田衣良　sex
石田衣良　逆《さか》島《しま》断《たつ》雄《お》〈進駐官養成高校の決闘編1〉

講談社文庫　目録

石田衣良　逆島断雄〈進駐官養成高校の決闘編2〉
石田衣良　逆島断雄〈本土最終防衛決戦編1〉
石田衣良　逆島断雄〈本土最終防衛決戦編2〉
井上荒野　初めて彼を買った日
井上荒野　ひどい感じ―父・井上光晴
稲葉　稔　椋鳥の影〈八丁堀手控え帖〉
伊坂幸太郎　チルドレン
伊坂幸太郎　魔王
伊坂幸太郎　モダンタイムス(上)(下)
伊坂幸太郎　P　K
伊坂幸太郎　サブマリン
絲山秋子　袋小路の男
石黒　耀　死都日本
石黒　耀　忠臣蔵異聞〈家老 大野九郎兵衛の長い仇討ち〉
犬飼六岐　筋違い半介
犬飼六岐　吉岡清三郎貸腕帳
石川大我　ボクの彼氏はどこにいる？
石松宏章　マジでガチなボランティア
伊東　潤　国を蹴った男

伊東　潤　峠越え
伊東　潤　黎明に起《た》つ
伊東　潤　池田屋乱刃
石飛幸三　「平穏死」のすすめ〈口から食べられなくなったらどうしますか〉
伊藤理佐　女のはしょり道
伊藤理佐　また！女のはしょり道
伊藤理佐　みたび！女のはしょり道
石黒正数　外《げ》天《てん》楼《ろう》
伊与原　新　ルカの方《はこ》舟《ぶね》
伊与原　新　コンタミ 科学汚染
稲葉圭昭《よしあき》　恥さらし〈北海道警 悪徳刑事の告白〉
稲葉博一《ひろいち》　忍者烈伝
稲葉博一　忍者烈伝ノ続
稲葉博一　忍者烈伝ノ乱〈天之巻〉〈地之巻〉
伊岡　瞬　桜の花が散る前に
石川智健　エウレカの確率〈経済学捜査と殺人の効用〉
石川智健　60《ロクジュウ》〈誤判対策室〉
石川智健　20《ニジュウ》〈誤判対策室〉
石川智健　第三者隠蔽機関

石川智健　いたずらにモテる刑事の捜査報告書
井上真偽《まぎ》　その可能性はすでに考えた
井上真偽　聖女の毒杯〈その可能性はすでに考えた〉
井上真偽　恋と禁忌の述語論理《プレディケット》
泉　ゆたか　お師匠さま、整いました！
伊兼源太郎　地検のS
伊兼源太郎　巨悪
逸木　裕　電気じかけのクジラは歌う
今村翔吾　イクサガミ　天
入月英一　信長と征《ゆ》く　1・2〈転生商人の天下取り〉
磯田道史　歴史とは靴である
石原慎太郎　湘南夫人
内田康夫　シーラカンス殺人事件
内田康夫　パソコン探偵の名推理
内田康夫　「横山大観」殺人事件
内田康夫　江田島殺人事件
内田康夫　琵琶湖周航殺人歌
内田康夫　夏泊殺人岬
内田康夫　「信濃の国」殺人事件

2022年6月15日現在